藝 文 叢 刊

曾文正公嘉言鈔

梁啓超　輯

浙江人民美術出版社

圖書在版編目（CIP）數據

曾文正公嘉言鈔 / 梁啓超輯. -- 杭州 : 浙江人民美術出版社, 2025. 1. -- (藝文叢刊). -- ISBN 978-7-5751-0278-0

Ⅰ. K827=52

中國國家版本館CIP數據核字第2024B99A05號

藝文叢刊

曾文正公嘉言鈔

梁啓超 輯

責任編輯: 羅仕通
責任校對: 楊雨瑶
責任印製: 陳柏榮

出版發行	浙江人民美術出版社 （杭州市環城北路177號）
經　　銷	全國各地新華書店
製　　版	浙江大千時代文化傳媒有限公司
印　　刷	杭州高騰印務有限公司
版　　次	2025年1月第1版
印　　次	2025年1月第1次印刷
開　　本	787mm×1092mm　1/32
印　　張	2.875
字　　數	56千字
書　　號	ISBN 978-7-5751-0278-0
定　　價	30.00圓

如有印裝質量問題，影響閱讀，請與出版社營銷部（0571-85174821）聯繫調換。

出版説明

曾國藩（一八一一——一八七二），字伯涵，號滌生，湖南湘鄉人。道光十八年（一八三八）進士，先後任翰林院庶吉士、内閣學士兼禮部侍郎、兩江總督、直隸總督等職，與左宗棠、李鴻章、張之洞并稱爲「晚清中興四大名臣」。他曾組建湘軍，領導并鎮壓了太平天國運動。

曾國藩早年從唐鑒、倭仁講習理學，是理學經世派的代表之一；文學上，他創立了晚清古文的「湘鄉派」。有《曾文正公全集》一百六十七卷，包括奏稿、詩集、文集、書札、《求闕齋日記》、《經史百家雜鈔》、《十八家詩抄》、家書等，流傳於世。

梁啓超對曾國藩評價極高：「曾文正者，豈惟近代，蓋有史以來不一二睹之大人也已；豈惟我國，抑全世界不一二睹之大人也已。」并認爲曾氏本非天資極高之人，而終有此立德、立功、立言之大成就，蓋「其一生得力在立志，自拔於流俗，而困而知，而勉而行，歷百千艱阻而不挫屈。不求近效，銖積寸纍，受之以虚，將之以勤，植之以剛，貞之以恒，帥之以誠，勇猛精進，堅苦卓絶」。因此，梁啓超從《曾文正公全集》的書札、家書、家訓、日記、文集五個部分中，擇選其精華者，編成《曾文正公嘉言鈔》一書。是書所選内容，「字字皆得之閲歷，而切於實際，故其親切有味，資吾儕當前之受用者，非唐宋以後儒先之言所能逮也」，讀者讀之，自將有切實的體悟和幫助。

書中另附《胡文忠公嘉言鈔》和《左文襄公嘉言鈔》兩種，乃梁啓超編選胡林翼和左宗棠的語録而成。胡、左二公亦爲湘軍名將，晚清重臣，這些嘉言皆是他們修身處世、治軍識人的心得體會，當大有裨益於世人之認識與實踐。此外，書末還附《曾文正公國史本傳》長文一篇，介紹曾氏生平履歷甚詳。不過，限於歷史的局限，文中對太平天國運動的論述多有偏頗之處，爲保持底本原貌和完整性，此次再版，一仍其舊，讀者諸君慧眼，自當能明辨之，揚弃之。

此次以上海商務印書館一九二五年版《曾文正公嘉言鈔》爲底本，重新加以標點整理，個别手民誤植或明顯訛誤處徑改，不另出注，特此説明。限於水平，書中不妥、差錯處難免，尚祈讀者不吝指正。

目録

曾文正公嘉言鈔序

曾文正者，豈惟近代，蓋有史以來不一二睹之大人也已；豈惟我國，抑全世界不一二睹之大人也已。然而文正固非有超群絶倫之天才，在并時諸賢杰中稱最鈍拙，其所遭值事會，亦終身在拂逆之中。然乃立德、立功、立言，三并不朽，所成就震古鑠今，而莫與京者。其一生得力在立志，自拔於流俗，而困而知，而勉而行，歷百千艱阻而不挫屈。不求近效，銖積寸纍，受之以虚，將之以勤，植之以剛，貞之以恒，帥之以誠，勇猛精進，堅苦卓絶。如斯而已，如斯而已！孟子曰：「人皆可以爲堯舜。」堯舜信否盡人皆可學焉而至，吾不敢言；若曾文正之盡人皆可學焉而至，吾所敢言也。何也？文正所受於天者，良無以异於人也。且人亦孰不欲向上？然生當學絶道喪、人欲横流之會，窳敗之習俗以雷霆萬鈞之力相罩相壓，非甚强毅者，固不足以抗圉之。荀卿亦有言：「庸衆駑散，則劫之以師友。」而嚴師畏友又非可亟得之於末世，則夫滔滔者之日趨於下，更奚足怪？其一二有志之士，其亦惟乞靈典册，得片言單義而持守之，以自鞭策，自夾輔，自營養，猶或可以防杜墮落而漸進於高明。古人所以得一善，則拳拳服膺，而日三復，而終身誦焉也。抑先聖之所以扶世教、正人心者，四書六經亦蓋備矣。然義豐詞約，往往非末學所驟能領會，且亦童而習焉，或以爲陳言而忽不加省也。近古諸賢闡揚輔導之言，益汗牛充棟，然其義大率偏於收斂而貧於發揚。夫人生數十寒暑，受其群之蔭以獲自存，則於其群豈能不思所報？報之則必有事焉，非曰逃虚守静而即可以告無罪也明矣，於是乎不能不日與外境相接構。且既思以己之所信易天下，則行且終其身以轉戰於此濁世。若何而後能磨練其身心，以自立於不敗？若何而後能遇事物泛應曲當，無所撓枉？天下最大之學問，殆無以過此，非有所程式而養之於素，其孰能致者？曾文正之殁，去今不過數十年，國中之習尚事勢皆不甚相遠。而文正以樸拙之姿，起家寒素，飽經患難，丁人心陷溺之極運，終其生於挫折讒妒之林，惟恃一己之心力，不吐不茹，不靡不回，卒乃變舉世之風氣，而挽一時之浩劫。彼其所言，字字皆得之閱歷，而切於實際，故其親切有味，資吾儕當前之受用者，非唐宋以後儒先之言所能逮也。孟子曰：「聞伯夷之風者……懦夫有立志。」又曰：「奮乎百世之上，百世之下，聞者莫不興起。」况相去僅一世，遺澤未斬，模楷在望者耶？則兹編也，其真全國人之布帛菽粟，而斯須不可去身者也。

丙辰二月朔，新會梁啓超

鈔例

一，是編從金陵刻本《曾文正全集》中書札、家書、家訓、日記、文集五種摘鈔，其餘嘉言散見他種遺著者，姑付闕如。

一，是編原取自便省覽，故務求簡要，往往一段之中僅節數語，不嫌割裂，但求受用耳。亦有同此一義而屢見屢鈔者，以存文正强聒不捨之真，亦使讀者得時習而悦之益。

一，文正居大亂之世，半生治軍，是編所鈔，言戰事者亦什之一二。其爲軍人寶鑒，固無待言，即非軍人，亦當涵詠其理，而善推之於用。蓋人生天地間，本以奮鬥爲生涯，何時何事，非在戰争中者？是編所鈔關於軍事之諸條，吾確信凡任事者，苟能體其意而服膺之，必終身受用不盡也。

一，是編所鈔關於觀人用人之諸條，讀者或以爲文正秉權勢、居高位，故能爾爾，吾儕則無需此，其實不然。人無論居何地位，執何職業，皆須與人共事，求友求助，苟善讀此，無往而不自得師也。

一，文正於學術文藝，獨得處甚多，垂訓亦至精，今所鈔從略。

一，胡文忠、左文襄嘉言附鈔，以見當時賢哲責善憂世，相觀而善，有自來也。

丙辰正月，啓超記

曾文正公嘉言鈔

今日而言治術，則莫若綜核名實；今日而言學術，則莫若取篤實踐履之士。物窮則變，「救浮華者莫如質，積玩之後，振之以猛」，意在斯乎？《復賀耦庚》

吾輩今日苟有所見，而欲爲行遠之計，又可不早具堅車乎哉？《致劉孟容》

耐冷耐苦，耐勞耐閑。《答黄麓溪》

人材高下，視其志趣。卑者安流俗庸陋之規，而日趨污下；高者慕往哲盛隆之軌，而日即高明。《答歐陽功甫》

無兵不足深憂，無餉不足痛哭，獨舉目斯世，求一攘利不先、赴義恐後、忠憤耿耿者，不可亟得，此其可爲浩嘆也。《復彭麗生》

今日百廢莫舉，千瘡并潰，無可收拾，獨賴此精忠耿耿之寸衷，與斯民相對於骨岳血淵之中，冀其塞絶横流之人欲，以挽回厭亂之天心，庶幾萬有一補。不然，但就局勢論之，則滔滔者吾不知其所底也。《與江岷樵左季高》

集思廣益，本非易事，要當内持定見而六轡在手，外廣延納而萬流赴壑，乃爲盡善。《復歐陽曉岑》

方今民窮財困，吾輩勢不能別有噢咻生息之術，計惟力去害民之人，以聽吾民之自孳自活而已。《與朱石翹》

帶勇之人，第一要才堪治民，第二要不怕死，第三要不急急名利，第四要耐受辛苦。大抵有忠義血性，則四者相從以俱至。《與彭筱房曾香海》

古來名將得士卒之心，蓋有在於錢財之外者。後世將弁專恃糧重餉優，爲牢籠兵心之具，其本爲已淺矣。是以金多則奮勇蟻附，利盡則冷落獸散。《與王璞山》

國藩入世已深，厭閱一種寬厚論説，模稜氣象，養成不黑不白、不痛不癢之世界，誤人家國，已非一日。偶有所觸，則輪囷肝膽，又與掀振一番。《與劉孟容》

練勇之道，必須營官晝夜從事，乃可漸幾於熟。如雞伏卵，如鑪鍊丹，未宜須臾稍離。《復劉霞仙》　啓超按：教育家之於學生，及吾人之自行修養，皆當如是。

二三十年來，士大夫習於優容苟安，揄修袂而養婀步，倡爲一種不白不黑、不痛不癢之風。見有慷慨感激以鳴不平者，則相與議其後，以爲是不更事，輕淺而好自

見。國藩昔厠六曹，目擊此等風味，蓋已痛恨次骨。《復龍翰臣》

國藩從宦有年，飽閲京洛風塵，達官貴人，優容養望，與在下者軟熟和同之象，蓋已稔知之而慣嘗之。積不能平，乃變而爲慷慨激烈、軒爽骯髒之一途，思欲稍易三四十年來不白不黑、不痛不癢、牢不可破之習，而矯枉過正，或不免流於意氣之偏，以是屢蹈愆尤，叢譏取戾。而仁人君子，固不當責以中庸之道，且當憐其有所激而矯之之苦衷也。《復黄子春》

蒼蒼者，究竟未知何若。吾輩竭力爲之，成敗不復計耳！《復朱石樵》

愚民無知，於素所未見未聞之事，輒疑其難於上天，一人告退，百人附和，其實并無真知灼見。假令一人稱好，即千人同聲稱好矣。《復褚一帆》

虹貫荆卿之心，而見者以爲淫氛而薄之；碧化萇宏之血，而覽者以爲頑石而弃之。古今同慨，我豈伊殊？屈纍之所以一沉而萬世不復返顧者，良有以也。《與劉霞仙》

時事愈艱，則挽回之道，自須先之以戒懼惕厲。傲兀鬱積之氣，足以肩任艱鉅，然視事太易，亦是一弊。《與羅羅山劉霞仙》

凡善弈者，每於棋危劫急之時，一面自救，一面破敵，往往因病成妍，轉敗爲功。

善用兵者亦然。《致羅羅山》

急於求效，雜以浮情客氣，則或泰山當前而不克見。「以瓦注者巧，以鉤注者憚，以黄金注者昏」，外重而内輕，其爲蔽也久矣。《與李次青》

鋭氣暗損，最爲兵家所忌。用兵無他謬巧，常存有餘不盡之氣而已。《與李次青》

日中則昃，月盈則虧，故古詩「花未全開月未圓」之句，君子以爲知道。自僕行軍以來，每介疑勝疑敗之際，戰兢恐懼，上下怵惕者，其後恒得大勝；或當志得意滿之候，狃於屢勝，將卒矜慢，其後常有意外之失。《與羅伯宜》 啓超按：處一切境遇皆如此，豈惟用兵？

欲學爲文，當掃蕩一副舊習，赤地新立，將前此所業蕩然若喪其所有，乃始别有一番文境。《與劉霞仙》 啓超按：此又不惟學文爲然也。

吾鄉數人均有薄名，尚在中年，正可聖可狂之際。惟當兢兢業業，互相箴規，不特不宜自是，并不宜過於獎許，長朋友自是之心。彼此恒以過相砭，以善相養，千里同心，庶不終爲小人之歸。《復李希庵》

敬以持躬，恕以待人。敬則小心翼翼，事無巨細皆不敢忽；恕則常留餘地以處

人，功不獨居，過不推諉。《與鮑春霆》

吾輩互相砥礪，要當以聲聞過情爲切戒。《與李希庵》

自古大亂之世，必先變亂是非，然後政治顛倒，灾害從之。賞罰之任，視乎權位，有得行有不得行。至於維持是非之公，則吾輩皆有不可辭之任，顧亭林所稱「匹夫與有責焉」者也。《與沈幼丹》

莅事以明字爲第一要義。明有二，曰高明，曰精明。同一境，而登山者獨見其遠，乘城者獨覺其曠，此高明之説也；同一物，而臆度者不如權衡之審，目巧者不如尺度之確，此精明之説也。凡高明者，欲降心抑志，以遽趨於平實，頗不易易。若能事事求精，輕重長短，一絲不差，則漸實矣，能實則漸平矣。《與吴翔岡》

軍事不可無悍鷙之氣，而驕氣即與之相連；不可無安詳之氣，而惰氣即與之相連。有二氣之利而無其害，有道君子尚難養得，况弁勇乎？《復胡宫保》

敬字恒字二端，是徹始徹終工夫。鄙人生平欠此二字，至今老而無成，深自悔憾。《復葛睪山》

心常用則活，不用則窒。如泉在地，不鑿汲則不得甘醴；如玉在璞，不切磋則不

成令器。《復鄧寅皆》

敬字惟「無衆寡，無小大，無敢慢」三語，最爲切當。《復葛睪山》

趨時者，博無識之喜，損有道之真。《與許仙屏》

惟忘機可以消衆機，惟懵懂可以祓不祥。《復胡宮保》

軍中閱歷有年，益知天下事當於大處著眼，小處下手。陸氏但稱「先立乎其大者」，若不輔以朱子銖積寸累工夫，則下梢全無把握。《致吴竹如》

前曾語閣下以「取人爲善，與人爲善」，大抵取諸人者當在小處、實處，與人者當在大處、空處。《復李申夫》

治心治身，理不必太多，知不可太雜。切身日日用得著的，不過一兩句，所謂守約也。《復李申夫》

驕惰未有不敗者，勤字所以醫惰，慎字所以醫驕。此二字之先，須有一誠字以立之本。《與李申夫》

大局日壞，吾輩不可不竭力支持，做一分算一分，在一日撐一日。《致沈幼丹》

收之欲其廣，用之欲其慎，大抵有操守而無官氣，多條理而少大言。本此四者以

衡人，思過半矣。《致李黼堂》

觀人之道，以樸實廉介爲質。有其質，而更傅以他長，斯爲可貴；無其質，則長處亦不足恃。《復方子白》

求才之道，須如白圭之治生，如鷹隼之擊物，不得不休。又如蚨之有母，雉之有媒，以類相求，以氣相引，庶幾得一而可及其餘。《復李黼堂》

凡沉疴在身，而人力可以自爲主持者，約有二端：一曰以志帥氣，一曰以静制動。人之疲憊不振，由於氣弱，而志之强者，氣亦爲之稍變。如貪早睡，則强起以興之；無聊賴，則端坐以凝之。此以志帥氣之説也。久病虚怯，則時時有一畏死之見，憧擾於胸中，即魂夢亦不甚安恬。須將生前之名，身後之事，與一切妄念剗除净盡，自然有一種恬淡意味，而寂定之餘，真陽自生。此以静制動之法也。《復李雨亭》

啓超按：此問疾書也，攝生要訣，盡人皆當服膺。

吾輩讀書人，大約失之笨拙，即當自安於拙，而以勤補之，以慎出之，不可弄巧賣智，而所誤更甚。《復宋子久》

平日非至穩之兵，必不可輕用險著；平日非至正之道，必不可輕用奇謀。《復胡

宫保》

治軍以勤字爲先，實閲歷而知其不可易。未有平日不早起，而臨敵忽能早起者；未有平日不習勞，而臨敵忽能習勞者；未有平日不忍飢耐寒，而臨敵忽能忍飢耐寒者。吾輩當共習勤勞，先之以愧厲，繼之以痛懲。《復宋滋九》

閲歷世變，但覺除得人以外，無一事可恃。《復方子白》

大抵世之所以彌亂者，第一在黑白混淆；第二在君子愈讓，小人愈妄。《復胡宫保》

主氣常静，客氣常動；客氣先盛而後衰，主氣先微而後壯。故善用兵者，最喜爲主，不喜爲客。《復劉馨室》

專從危難之際，默察樸拙之人，則幾矣。《復姚秋浦》

信只不説假話耳，然却極難。吾輩當從此一字下手，今日説定之話，明日勿因小利害而變。《復李少荃》

愛民乃行軍第一義，須日日三令五申，視爲性命根本之事，毋視爲要結粉飾之文。《復李少荃》

詞氣宜和婉，意思宜肫誠，不可誤認簡傲爲風骨。風骨者，内足自立，外無所求之謂，非傲慢之謂也。同上

養身之道，以君逸臣勞四字爲要。省思慮，除煩惱，二者皆所以清心，君逸之謂也；行步常勤，筋骨常動，臣勞之謂也。《復李希庵》

用兵之道，最重自立，不貴求人；馭將之道，最貴推誠，不貴權術。《復李少荃》

吾輩位高望重，他人不敢指摘，惟當奉方寸如嚴師，畏天理如刑罰，庶幾刻刻敬憚。《復李希庵》

凡辦一事，必有許多艱難波折，吾輩總以誠心求之，虚心處之。心誠則志專而氣足，千磨百折，而不改其常度，終有順理成章之一日；心虚則不動客氣，不挾私見，終可爲人共亮。《與程尚齋》

大抵任事之人，斷不能有譽而無毁，有恩而無怨。自修者，但求大閑不逾，不可因譏議而餒沉毅之氣；衡人者，但求一長可取，不可因微瑕而弃有用之材。苟於嶢嶢者過事苛責，則庸庸者反得幸全。《致惲次山》

事會相薄，變化乘除，吾嘗舉功業之成敗，名譽之優劣，文章之工拙，概以付之運

氣一囊之中，久而彌自信其説之不可易也。然吾輩自盡之道，則當與彼賭乾坤於俄頃，校殿最於錙銖，終不令囊獨勝而吾獨敗。《復郭筠仙》

大非易辨，似是之非難辨。竊謂居高位者，以知人曉事二者爲職。知人誠不易學，曉事則可以閲歷黽勉得之。曉事則無論同己异己，均可徐徐開悟，以冀和衷；不曉事則挾私固謬，秉公亦謬，小人固謬，君子亦謬，鄉原固謬，狂狷亦謬。重以不知人，則終古相背而馳。故恒言以分别君子小人爲要，而鄙論則謂天下無一成不變之君子，無一成不變之小人。今日能知人能曉事，則爲君子；明日不知人不曉事，即爲小人。寅刻公正光明，則爲君子；卯刻偏私晻曖，即爲小人。故群譽群毁之所在，下走常穆然深念，不敢附和。《復郭筠仙》

國藩昔在湖南、江西，幾於通國不能相容，六七年間，浩然不欲復聞世事。然造端過大，本以不顧死生自命，寧當更問毁譽？以拙進而以巧退，以忠義勸人而以苟且自全，即魂魄猶有餘羞，是以戊午復出，誓不返顧。《復郭筠仙》

以勤爲本，以誠輔之。勤則雖柔必强，雖愚必明；誠則金石可穿，鬼神可格。《復陳舫仙》

逆億命數，是一薄德。讀書人犯此弊者最多，聰明而運蹇者厥弊尤深。凡病在根本者，貴於内外交養。養内之道，第一將此心放在太平地，久久自有功效。《與李眉生》

堅其志，苦其心，勤其力，事無大小，必有所成。《與李幼泉》

養生與力學，皆從有恒做出，故古人以有恒爲作聖之基。《復陳松生》

若遇棘手之際，請從耐煩二字痛下工夫。《致李宮保》

用兵之道，最忌勢窮力竭。力則指將士之精力言之，勢則指大計大局及糧餉之接續、人才之可繼言之。《致李宮保》

閣下此時所處，極人世艱苦之境，宜以寬字自養，能勉宅其心於寬泰之域，俾身體不就孱弱，志氣不至摧頹，而後從容以求出險之方。《致陳舫仙》

事功之成否，人力居其三，天命居其七。《復劉霞仙》

外境之迕，未可滯慮，置而遣之，終履夷塗。《致陳碧帆》

君子有高世獨立之志，而不予人以易闚；有藐萬乘却三軍之氣，而未嘗輕於一發。《致王少鶴》

凡道理不可説得太高，太高則近於矯，近於僞。吾與僚友相勉，但求其不晏起、不撒謊二事，雖最淺近，而已大有益於身心矣。《復楊芋庵》

君子欲有所樹立，必自不妄求人知始。《與張緘瓶》

危險之際，愛而從之者，或有一二；畏而從之，則無其事也。《與李次青》

我輩辦事，成敗聽之於天，毁譽聽之於人。惟在己之規模氣象，則我有可以自主者，亦曰不隨衆人之喜懼爲喜懼耳。同上

平日千言萬語，千算萬計，而得失仍只争臨陣須臾之頃。《復胡宫保》

立法不難，行法爲難，以後總求實實行之，且常常行之。應事接物時，須從人情物理中之極粗極淺處著眼，莫從深處細處看。《與李申夫》

先哲稱「利不什，不變法」，吾謂「人不什，不易舊」。《復陳作梅》

君子不恃千萬人之諛頌，而畏一二有識之竊笑。《復郭意城》

古人患難憂虞之際，正是德業長進之時，其功在於胸懷坦夷，其效在於身體康健。聖賢之所以爲聖，佛家之所以成佛，所争皆在大難磨折之日，將此心放得寬，養得靈，有活潑潑之胸襟，有坦蕩蕩之意境，則身體雖有外感，必不至於内

傷。《復陳舫仙》

禍機之發，莫烈於猜忌。此古今之通病，壞國喪家亡人，皆猜忌之所致。詩稱「不忮不求，何用不臧」，僕自省生平愆咎，不出忮求二字。今已衰耄，旦夕入地，猶自憾拔除不盡。因環觀當世之士大夫及高位耇長，果能剷除此二字者，亦殊不多得也。忮求二字，蓋妾婦、穿窬兼而有之，自反既不能免此，亦遂憮然愧懼，不復敢道人之短。《復郭中丞》

人才非困厄則不能激，非危心深慮則不能達。《復袁小午》

右書札

朱子言爲學譬如熬肉，先須用猛火煮，然後用慢火温。予生平功夫，全未用猛火煮過，雖略有見識，乃是從悟境得來；偶用功，亦不過優游玩索已耳，如未沸之湯，遽用慢火，將愈煮愈不熟矣。

用功譬若掘井，與其多掘數井而皆不及泉，何若老守一井，力求及泉，而用之不竭乎？

凡專一業之人，必有心得，亦必有疑義。

士人第一要有志，第二要有識，第三要有恒。有志則不甘爲下流；有識則知學問無盡，不敢以一得自足；有恒則斷無不成之事，三者缺一不可。諸弟此時惟有識不可驟幾，有志、有恒則諸弟勉之而已。

凡事皆貴專心。有所專宗，而博觀他途以擴其識，亦無不可；無所專宗，而見異思遷，此眩彼奪，則大不可。

君子之處順境，兢兢焉，常覺天之過厚於我，我當以所餘補人之不足；君子之處嗇境，亦兢兢焉，常覺天之厚於我非果厚也，以爲較之尤嗇者，而我固已厚矣。古人謂境地須看不如我者，此之謂也。

凡仁心之發，必一鼓作氣，盡吾力之所能爲，稍有轉念，則疑心生，私心亦生。

荷道以躬，輿之以言。

誰人可慢，何事可弛？弛事者無成，慢人者反爾。

德業之不常，曰爲物牽。爾之再食，曾未聞或愆。

心欲其定，氣欲其定，神欲其定，體欲其定。

牢騷太甚者，其後必多抑塞。蓋無故而怨天，則天必不許；無故而尤人，則人必不服，感應之理然也。

功名之地，自古難居。人之好名，誰不如我？我有美名，則人必有受不美之名者，相形之際，蓋難爲情。

未習勞苦者，由漸而習，則日變月化，而遷善不知。若改之太驟，恐難期有恒。

古之成大事者，規模遠大與綜理密微，二者缺一不可。

接人總宜以真心相嚮，不可常懷智術以相迎距。人以僞來，我以誠往，久之則僞者亦共趨於誠矣。

來書謂興會索然，此却大不可。凡人作一事，便須全副精神注在此事，首尾不懈，不可見异思遷，做這樣想那樣，坐這山望那山。人而無恒，終身一無所成。

身體雖弱，却不宜過於愛惜。精神愈用則愈出，陽氣愈提則愈盛，每日作事愈多，則夜間臨睡愈快活。若存一愛惜精神的意思，將前將却，奄奄無氣，决難成事。

不慌不忙，盈科後進，向後必有一番回甘滋味出來。

吾自信亦篤實人，只爲閱歷世途，飽更事變，略參些機權作用，把自家學壞了，實則作用萬不如人，徒惹人笑，教人懷憾，何益之有！近日憂居猛省，一味向平實處用心，將自家篤實的本質復我固有。賢弟此刻在外，亦急須將篤實復還，萬不可走入機巧一路，日趨日下也。

强毅之氣决不可無，然强毅與剛愎有别。古語云「自勝之謂强」，曰强制，曰强恕，曰强爲善，皆自勝之義也。如不慣早起，而强之未明即起；不慣莊敬，而强之坐尸立齋；不慣勞苦，而强之與士卒同甘苦，强之勤勞不倦，是即强也。不慣有恒，而强之貞恒，即毅也。捨此而求以客氣勝人，是剛愎而已矣。二者相似，而其流相去霄壤，不可不察，不可不謹。

打仗不慌不忙，先求穩當，次求變化；辦事無聲無臭，既要精到，又要簡捷。

弟此時以營務爲重，則不宜常看書。凡人爲一事，以專而精，以紛而散。荀子稱「耳不兩聽而聰，目不兩視而明」，莊子稱「用志不紛，乃凝於神」，皆至言也。

總須腳踏實地，克勤小物，乃可日起而有功。

凶德致敗，莫甚長傲。傲之凌物，不必定以言語加人，有以神氣凌之者矣，有以面色凌之者矣。中心不可有所恃，心有所恃，則達於面貌。以門地言，我之物望大減，方且恐爲子弟之累；以才識言，近今軍中鍊出人才頗多，弟等亦無過人之處，皆不可恃。只宜抑然自下，一味言忠信行篤敬，庶可以遮護舊失，整頓新氣，否則人皆厭薄之矣。

胸多抑鬱，怨天尤人，不特不可以涉世，亦非所以養德；不特無以養德，亦非所以保身。

聲聞之美，可恃而不可恃。善始者不必善終，行百里者半九十。

精神愈用而愈出，不可因身體素弱，過於保惜；智慧愈苦而愈明，不可因境遇偶拂，遽爾摧沮。

求人自輔，時時不可忘此意。

不輕進，不輕退。

一經焦躁，則心緒少佳，辦事必不能妥善。

人生適意之時，不可多得。弟現在頗稱適意，不可錯過時會，當盡心竭力，做成一箇局面。

吾因本性倔强，漸近於愎，不知不覺做出許多不恕之事，説出許多不恕之話，至今愧恥無已。

日慎一日，以求事之濟。一懷焦憤之念，則恐無成，千萬忍耐，忍耐千萬。久而敬之四字，不特處朋友爲然，即凡事亦莫不然。

余死生早已置之度外，但求臨死之際，寸心無可悔憾，斯爲大幸。

習勞爲辦事之本，引用一班能耐勞苦之正人，日久自有大效。

不輕進人，即异日不輕退人之本；不妄親人，即异日不妄疏人之本。

天下古今之庸人，皆以一惰字致敗；天下古今之才人，皆以一傲字致敗。

欲去驕字，總以不輕非笑人爲第一義；欲去惰字，總以不晏起爲第一義。

凡辦大事，半由人力，半由天事。吾輩但當盡人力之所能爲，而天事則聽之彼蒼而無所容心。

凡説話不中事理，不擔斤兩者，其下必不服。

凡事後而悔己之隙，與事後而議人之隙，皆閲歷淺耳。

凡軍事，做一節説一節，若預説幾層，到後來往往不符。

辦大事者，以多選替手爲第一義。滿意之選不可得，姑節取其次，以待徐徐教育可也。

沅弟謂雪聲色俱厲。凡目能見千里，而不能自見其睫；聲音笑貌之拒人，每苦於不自見，苦於不自知。雪之厲，雪不自知；沅之聲色，恐亦未始不厲，特不自知耳。

每日臨睡之時，默數本日勞心者幾件，勞力者幾件，則知宣勤國事之處無多，更宜竭誠以圖之。

從古帝王將相，無人不由自立做出，即爲聖賢者，亦各有自立自强之道。故能獨立不懼，確乎不拔。余往年在京，好與諸有大名大位者爲仇，亦未始無挺然特立、不畏强禦之意。近來見得天地之道，剛柔互用，不可偏廢。太柔則靡，太剛則折。剛非暴戾之謂也，强矯而已；柔非卑弱之謂也，謙退而已。趨事赴公，則當强矯；爭名逐利，則當謙退。

衆日悠悠，初不知其所自起，亦不知其所由止。有才者忿疑謗之無因，而悍然不顧，則謗且日騰；有德者畏疑謗之無因，而抑然自修，則謗亦日熄。吾願弟等之抑然，不願弟等之悍然也。

古來成大功大名者，除千載一郭汾陽外，恒有多少風波，多少灾難，談何容易！願與吾弟兢兢業業，各懷臨深履薄之懼，以冀免於大戾。

盛時常作衰時想，上場當念下場時。富貴人家，宜牢記此二語。

軍事呼吸之際，父子兄弟不能相顧，全靠一己耳。

凡危急之時，只有在己者靠得住，其在人者皆不可靠。恃之以守，恐其臨危而先亂；恃之以戰，恐其猛進而驟退。

吾兄弟既誓拚命報國，無論如何勞苦，如何有功，約定終始不提一字，不誇一句。知不知，一聽之人；順不順，一聽之天而已。

凡行兵須蓄不竭之氣，留有餘之力。

吾兄弟報國之道，總求實浮於名，勞浮於賞，才浮於事。從此三句切實做去，或者免於大戾。

强自禁制，降伏此心，釋氏謂之「降龍伏虎」，龍即相火也，虎即肝氣也。多少英雄豪杰打此兩關不破，亦不僅余與弟爲然，要在稍稍遏抑，不令過熾。古聖所謂窒欲，即降龍也；所謂懲忿，即伏虎也。釋儒之道不同，而其節制血氣未嘗不同，總不使吾之嗜欲戕害吾之軀命而已。至於倔强二字，却不可少，功業文章皆須有此二字貫注其中，否則柔靡不能成一事。孟子所謂至剛，孔子所謂貞固，皆從倔强二字做出。吾兄弟好處正在倔强，若能去忿欲以養體，存倔强以勵志，則日進無疆矣。

自古聖賢豪杰，文人才士，其志事不同，而其豁達光明之胸，大略相同。吾輩既辦軍務，係處功利場中，宜刻刻勤勞，如農之力穡，如賈之趨利，如篙工之上灘，早作夜思，以求有濟。而治事之外，此中却須有一段衝融氣象，二者并進，則勤勞而以恬淡出之，最有意味。

捨命報國，側身修行。

吾輩所最宜畏懼敬慎者，第一則以方寸爲嚴師，其次則左右、近習之人，又其次乃畏清議。

擔當大事，全在明强二字。《中庸》學問思辨行五者，其要歸於愚必明，柔必强。無形之功不必騰諸口説，此是謙字之真工夫。所謂君子之不可及，在人之所不見也。

强字原是美德，余前寄信，亦謂明强二字斷不可少。第强字須從明字做出，然後始終不可屈撓。若全不明白，一味横蠻，待他人折之以至理，證之以後效，又復俯首輸服，則前强而後弱，京師所謂瞎鬧者也。

君子大過人處，只是虚心。

大凡辦一事，其中常有曲折交互之處，一處不通，則處處皆窒矣。

古來大戰争、大事業，人謀僅占十分之三，天意恒居十分之七。往往積勞之人，非即成名之人；成名之人，非即享福之人。吾兄弟但從積勞二字上著力，成名二字則不必問及，享福二字更不必問及矣。

儉以養廉，直而能忍。

用人極難，聽言亦殊不易，全賴見多識廣，熟思審處，方寸中有一定之權衡。

富貴功名，皆人世浮榮。惟胸次浩大，是真正受用。

吾屢教家人崇儉習勞，蓋艱苦則筋骨漸强，嬌養則精力愈弱也。

既奢之後，而返之於儉，若登天然。

小心安命，埋頭任事。

不如意之事機，不入耳之言語，紛至迭乘，余尚愠鬱成疾，况弟之勞苦過甚百倍於阿兄，心血久虧數倍於阿兄者乎？弟病非藥餌所能爲力，必須將萬事看空，毋惱毋怒，乃可漸漸減輕。蝮蛇螫手，壯士斷腕，所以全生也。吾兄弟欲全其生，亦當視惱怒如蝮蛇，去之不可不勇。

弟信於毁譽禍福置之度外，此是根本第一層功夫。此處有定力，到處皆坦途矣。

天下之事理人才，爲吾輩所不深知、不及料者多矣，切勿存一自是之見。

吾輩在自修處求强則可，在勝人處求强則不可。若專在勝人處求强，其能强到底與否，尚未可知，即使終身强横安穩，亦君子所不屑道也。

困心横慮，正是磨鍊英雄，玉汝於成。李申夫嘗謂余慪氣從不説出，一味忍耐，徐圖自强，因引諺曰：「好漢打脱牙，和血吞。」此二語是余生平咬牙立志之訣。余庚戌、辛亥間爲京師權貴所唾駡，癸丑、甲寅爲長沙所唾駡，乙卯、丙辰爲江西所唾駡，以及岳州之敗、靖江之敗、湖口之敗，蓋打脱牙之時多矣，無一次不和血吞之。弟來信，每怪運氣不好，便不似好漢聲口。惟有一字不説，咬定牙根，徐圖自强而已。

兄自問近年得力，惟有一悔字訣。兄昔年自負本領甚大，可屈可伸，可行可藏，又每見得人家不是。自從丁巳、戊午大悔大悟之後，乃知自己全無本領，凡事都見得人家有幾分是處。故自戊午至今九載，與四十歲以前迥不相同，大約以能立能達爲體，以不怨不尤爲用。立者發奮自强，站得住也；達者辦事圓融，行得通也。

袁了凡所謂「從前種種，譬如昨日死；從後種種，譬如今日生」，另起爐竈，重開世界。安知此兩番之大敗，非天之磨鍊英雄，使弟大有長進乎？諺云：「吃一塹，長一智。」吾生平長進，全在受挫受辱之時，務須咬牙勵志，蓄其氣而長其智，切不可苶然自餒也。

弟當此百端拂逆之時，亦只有逆來順受之，法仍不外悔字訣、硬字訣而已。

右家書

處多難之世，若能風霜磨鍊，苦心勞神，自足堅筋骨，而長識見。沅甫叔向最羸弱，近日從軍，反得壯健，亦其證也。

居家之道，惟崇儉可以長久；處亂世，尤以戒奢侈爲要義。

人生惟有常是第一美德。余早年於作字一道，亦嘗苦思力索，終無所成。近日朝朝摹寫，久不間斷，遂覺月异而歲不同。可見年無分老少，事無分難易，但行之有恒，自如種樹養畜，日見其大而不覺耳。

人之氣質，由於天生，本難改變，欲求變之之法，總須先立堅卓之志。即以余生平言之，三十歲前最好吃烟，片刻不離，至道光壬寅十一月二十一日立志戒烟，至今不再吃。四十六歲以前作事無恒，近五年深以爲戒，現在大小事均尚有恒。即此二端，可見無事不可變也。古稱金丹换骨，余謂立志即丹也。

不料袁婿遽爾學壞至此，然爾等待之却不宜過露痕迹。人之所以稍顧體面者，冀人之敬重也。若人之傲惰鄙弃業已露出，則索性蕩然無耻，拚弃不顧，甘與正人爲仇，而以後不可救藥矣。

凡詩文欲求雄奇矯變，總須用意有超群離俗之想，乃能脱去恒蹊。

凡文有氣則有勢，有識則有度，有情則有韵，有趣則有味。

顔黄門之推《顔氏家訓》作於亂離之世，張文端英《聰訓齋語》作於承平之世，所以教家者至精爾。兄弟宜各覓一册，常常閲習。

凡言兼衆長者，必其一無所長者也。

凡事皆用困知勉行工夫，不可求名太驟，求效太捷也。爾以後每日宜習柳字百箇，單日以生紙臨之，雙日以油紙摹之，臨帖宜徐，摹帖宜疾。數月之後，手愈拙，字愈醜，意興愈低，所謂困也。困時切莫間斷，熬過此關，便可少進。再進再困，再熬再奮，自有亨通精進之日。不特習字，凡事皆有極困極難之時，打得通的便是好漢。

爾憚於作文，正可借此逼出幾篇。天下事無所爲而成者極少，有所貪、有所利而成者居其半，有所激、有所逼而成者居其半。

余生平略涉儒先之書，見聖賢教人修身，千言萬語，而要以不忮不求爲重。忮者嫉賢害能，妒功争寵，所謂「怠者不能修，忌者畏人修」之類是也；求者貪利貪名，懷土懷惠，所謂「未得患得，既得患失」之類是也。將欲造福，先去忮心，所謂「人能充無欲害人之心，而仁不可勝用也」；將欲立品，先去求心，所謂「人能充無穿窬之心，而義不可勝用也」。忮不去，滿懷皆是荆棘；求不去，滿腔日即卑污。余於此二者，常加克治，恨尚未能掃除净盡。爾等欲心地乾净，宜於此二者痛下工夫。附作《忮求詩二首》録左：

善莫大於恕，德莫凶於妒。妒者妾婦行，瑣瑣奚比數。己拙忌人能，己塞忌人遇。己若無事功，忌人得成務。己若無黨援，忌人得多助。勢位苟相敵，畏逼又相惡。己無好聞望，忌人文名著。己無賢子孫，忌人後嗣裕。争名日夜奔，争利東西騖。但期一身榮，不惜他人污。聞灾或欣幸，聞禍或悦豫。問渠何以然，不自知其故。爾室神來格，高明鬼所顧。天道常好還，嫉人還自誤。幽明叢詬忌，乖氣相迴互。重者灾汝躬，輕亦减汝祚。我今告後生，悚然大覺悟。終身讓人道，曾不失寸步。終身祝人善，曾不損尺布。消除嫉妒心，普天零甘露。家家獲吉祥，我亦無恐怖。右《不忮》

知足天地寬，貪得宇宙隘。豈無過人姿，多欲爲患害。在約每思豐，居困常求泰。富求千乘車，貴求萬釘帶。未得求速償，既得求勿壞。芬馨比椒蘭，磐固方泰岱。求榮不知饜，志亢神愈忲。歲燠有時寒，月明有時晦。時來多善緣，運去生灾怪。諸福不可期，百殃紛來會。片言動招尤，舉足便有礙。戚戚抱殷憂，精爽日凋瘵。矯首望八荒，乾坤一何大。安榮無遽欣，患難無遽憝。君看十人中，八九無倚賴。人窮多過我，我窮猶可耐。而況處夷塗，奚事生嗟愾。於世少取求，俯仰有餘快。俟命堪終古，曾不願乎外。右《不求》

日課四條：同治十年金陵節署中日記

一曰慎獨則心安。自修之道，莫難於養心。心既知有善，知有惡，而不能實用其力以爲善去惡，則謂之自欺。方寸之自欺與否，蓋他人所不及知，而己獨知之。故《大學》之誠意章，兩言慎獨。能慎獨，則内省不疚，可以對天地，質鬼神，斷無「行有不慊於心則餒」之時。人無一内愧之事，則天君泰然，此心常快足寬平，是人生第一自强之道，第一尋樂之方。

二曰主敬則身强。敬之一字，孔門持以教人，至程朱則千言萬語不離此旨。吾謂敬字切近之效，尤在能固人肌膚之會、筋骸之束。莊敬日强，安肆日偷，皆自然之徵應。雖有衰年病軀，一遇壇廟祭獻之時，戰陣危急之際，亦不覺神爲之悚，氣爲之振，斯足知敬能使人身强矣。若人無衆寡，事無大小，一一恭敬，不敢懈慢，則身體之强健又何疑乎？

三曰求仁則人悦。我與民物，其大本乃同出於一源。若但知私己，而不知仁民愛物，是於大本一源之道，已悖而失之矣。至於尊官厚禄，高居人上，則有拯民溺、救民飢之責；讀書學古，粗知大義，即有覺後知、覺後覺之責。若但知自了，而不知教養庶彙，是於天之所以厚我者辜負甚矣。

四曰習勞則神欽。凡人之情，莫不好逸而惡勞，無論貴賤智愚老少，皆貪於逸而憚於勞，古今之所同也。人一日所著之衣、所進之食，與一日所行之事、所用之力相稱，則旁人韙之，鬼神許之，以爲彼自食其力也。古之聖君賢相，若湯之昧旦丕顯，文王日昃不遑，周公夜以繼日、坐以待旦，蓋無時不以勤勞自厲。《無逸》一篇，推之於勤則壽考，逸則夭亡，歷歷不爽。爲一身計，則必操習技藝，磨練筋骨，困知勉行，操心危慮，而後可以增智慧而長才識；爲天下計，則必己飢己溺，一夫不獲，引爲余辜。大禹之周乘四載，過門不入；墨子之摩頂放踵，以利天下，皆極儉以奉身，而極勤以救民。故荀子好稱大禹、墨翟之行，以其勤勞也。軍興以來，每見人有一材一技，能耐艱苦者，無不見用於人，見稱於時；其絶無材技，不慣作勞苦者，皆唾弃於時，飢凍就斃。……是以君子欲爲人神所憑依，莫大於習勞也。

右家訓

精神要常令有餘，於事則氣充而心不散漫。

凡事之須逐日檢點者，一日姑待，後來補救難矣。

《記》云：「君子莊敬日强。」我日日安肆，日日衰薾，欲其强，得乎？

知己之過失，即自爲承認之地，改去毫無吝惜之心，此最難事。豪杰之所以爲豪杰，聖賢之所以爲聖賢，全是此等處磊落過人。

不爲聖賢，便爲禽獸。莫問收穫，但問耕耘。

盜虛名者，有不測之禍；負隱慝者，有不測之禍；懷忮心者，有不測之禍。

天道惡巧，天道惡盈，天道惡貳。貳者，多猜疑也，不忠誠也，無恒心也。

天下無易境，天下無難境。終身有樂處，終身有憂處。

取人爲善，與人爲善。樂以終身，憂以終身。

天下斷無易處之境遇，人間那有空閑的光陰。

天下事一一責報，則必有大失望之時。

天下事未有不從艱苦中得來，而可久可大者也。

用兵最戒驕氣惰氣，作人之道亦惟驕惰二字誤事最甚。

《易》曰：「勞謙君子，有終吉。」勞謙二字，受用無窮。勞所以戒惰也，謙所以戒傲也。有此二者，何惡不去，何善不臻？

與人爲善、取人爲善之道，如大河水盛足以浸灌小河，小河水盛亦足以浸灌大河。無論爲上爲下，爲師爲弟，爲長爲幼，彼此以善相浸灌，則日見其益而不自知矣。

天下凡物加倍磨治，皆能變換本質，别生精彩，况人之於學乎？

知天下之長，而吾所歷者短，則遇憂患横逆之來，當少忍以待其定；知地之大，而吾所居者小，則遇榮利争奪之境，當退讓以守其雌；知學問之多，而吾所見者寡，則不敢以一得自喜，而當思擇善而約守之；知事變之多，而吾所辦者少，則不敢以功名自矜，而當思舉賢而共圖之。夫如是，則自私自滿之見，可漸漸蠲除矣。

就吾之所見多教數人，取人之所長，還攻吾短。

百種弊病，皆從懶生。懶則弛緩，弛緩則治人不嚴，而趣功不敏，一處遲則百處懈矣。

勤勞而後憩息，一樂也；至淡以消忮心，二樂也；讀書聲出金石，三樂也。

凡喜譽惡毀之心，即鄙夫患得患失之心也。於此關打不破，則一切學問才智，適足以欺世盜名。

言物行恒，誠身之道也，萬化基於此矣。余病根在無恒，故家内瑣事，今日立條例，明日仍散漫，下人無常規可循，將來莅衆必不能信，作事必不能成，戒之！

孫高陽、史道鄰皆極耐得苦，故能艱難馳驅，爲一代之偉人。今已養成膏粱安逸之身，他日何以肩得大事！

自戒潮烟以來，心神彷徨，幾若無主，遏欲之難，類如此矣。不挾破釜沉舟之勢，詎有濟哉！

古人辦事，掣肘之處，拂逆之端，世世有之，人人不免。惡其拂逆而必欲順從，設法以誅鋤异己者，權奸之行徑也；聽其拂逆，而動心忍性，委曲求全，且以無敵國外患而亡爲慮者，聖賢之用心也。借人之拂逆，以磨厲我之德性，其庶幾乎！

扶危救難之英雄，以心力勞苦爲第一義。

爲政之道，得人治事，二者并重。得人不外四事，曰廣收、慎用、勤教、嚴繩；治事不外四端，曰經分、綸合、詳思、約守。

每日須以精心果力，獨造幽奧，直湊單微，以求進境。一日無進境，則日日漸退矣。

於清早單開本日應了之事，本日必了之。

與胡中丞商江南軍事，胡言凡事皆須精神貫注，心有二用則必不能有成；余亦言軍事不日進則日退。二人互許爲知言。

右日記

獨也者，君子與小人共焉者也。小人以其爲獨，而生一念之妄，積妄生肆，而欺人之事成；君子懍其爲獨，而生一念之誠，積誠爲慎，而自慊之功密。彼小人者，一善當前，幸人之莫我察也，則趨焉而不決；一不善當前，幸人之莫或伺也，則去之而不力。幽獨之中，情僞斯出，所謂欺也。惟夫君子者，懼一善之不力，則冥冥者（有）墮行；一不善之不去，則涓涓者無已時。屋漏而懍如帝天，方寸而堅如金石。獨知之地，慎之又慎。《慎獨論》

風俗之厚薄奚自乎？自乎一二人心之所向而已。民之生，庸弱者戢戢皆是也。有一二賢且智者，則衆人君之而受命焉；尤智者，所君尤衆焉。此一二人者之心向義，則衆人與之赴義；一二人者之心向利，則衆人與之赴利。衆人所趨，勢之所歸，雖有大力，莫之敢逆。故曰：「撓萬物者，莫疾乎風。」風俗之於人之心，始乎微，而終乎不可禦者也。先王之治天下，使賢者皆當路在勢，其風民也皆以義，故道一而俗同。世教既衰，所謂一二人者，不盡在位，彼其心之所向，（勢）不能不騰爲口說而播爲聲氣；而衆人者，勢不能不聽命而蒸爲習尚。按：「勢不能不」四字，極見得到。此深於社會學者之言也。於是乎徒黨蔚起，而一時之人才出焉。有以仁義倡者，其徒黨亦死仁義而不顧；有以功利倡者，其徒黨亦死功利而不返。水流濕，火就燥，無感不讎，所從來久矣。今之君子之在勢者，輒曰天下無才。彼自尸於高明之地，不克以己之所向，轉移習俗而陶鑄一世之人，而翻謝曰無才，謂之不誣可乎？十室之邑，有好義之士，其智足以移十人者，必能拔十人中之尤者而材之；其智足以移百人者，必能拔百人中之尤者而材之。然則轉移習俗而陶鑄一世之人，非特處高明之地者然也。凡一命以上，皆與有責焉者也。有國家者得吾説而存之，則將慎擇與共天位之人；士大夫得吾説而存之，則將惴惴乎謹其心之所向，恐一不當，而壞風俗，而賊人才。循是爲之，數十年之後，萬一有收其效者乎，非所逆睹已。《原才》 按：此篇公之少作也，深明社會變遷之原理，我國數千年來不多見之名文也。公於窮時達時，皆能以心力轉移風氣，亦可謂不負其言矣。

先王之道不明，士大夫相與爲一切苟且之行，往往陷於大戾，而僚友無出片言相質確者，而其人自視恬然，可幸無過？且以仲尼之賢，猶待學《易》以寡過，而今曰無過，欺人乎？自欺乎？自知有過，而因護一時之失，展轉蓋藏，至蹈滔天之奸而不悔，斯則小人之不可近者已。爲人友而隱忍和同，長人之惡，是又諂臣媚子

之亞也。《召誨》

學貴初有決定不移之志，中有勇猛精進之心，末有堅貞永固之力。《國朝先正事略序》

凡物之驟爲之而遽成焉者，其器小也。物之一覽而易盡者，其中無有也。《送郭筠仙南歸序》

君子赴勢甚鈍，取道甚迂，德不苟成，業不苟名，艱難錯迕，遲久而後進，銖而積，寸而纍，及其成熟，則聖人之徒也。同上

賢達之起，其初類有非常之撼頓，顛蹶戰兢，僅而得全。疢疾生其德術，荼蘖堅其筋骨，是故安而思危，樂而不荒。《陳岱雲母壽宴集詩序》

古君子多塗，未有不自不干人始者也；小人亦多塗，未有不自干人始者也。《田崐圃壽序》

能儉約者不求人。同上

天可補，海可填，南山可移，日月既往，不可復追。其過如駟，其去如矢，雖有大智神勇，莫可誰何。光陰之遷流如此，其可畏也，人固可自暇逸哉？《朱玉聲壽序》

人固視乎所習。朝有媕阿之老，則群下相習於詭隨；家有骨鯁之長，則子弟相習於矩矱。倡而爲風，效而成俗，匪一身之爲利害也。《陳仲鸞父母壽序》

天之生斯人也，上智者不常，下愚者亦不常。擾擾萬衆，大率皆中材耳。中材者，導之東而東，導之西而西；習於善而善，習於惡而惡。其始瞳焉無所知識，未幾而騁耆欲、逐衆好，漸長漸貫，而成自然。由一二人以達於通都，漸流漸廣，而成風俗。風之爲物，控之若無有，鰌之若易靡，及其既成，發大木、拔大屋，一動而萬里應，窮天人之力而莫之能禦。《箴言書院記》

安樂之時，不復好聞危苦之言，人情大抵然歟。君子之存心也，不敢造次忘艱苦之境，尤不敢狃於所習，自謂無虞。《金陵楚軍水師昭忠祠記》

君子之道，莫大乎以忠誠爲天下倡。世之亂也，上下縱於亡等之欲，奸僞相吞，變詐相角，自圖其安而予人以至危，畏難避害，曾不肯捐絲粟之力以拯天下。得忠誠者起而矯之，克己而愛人，去僞而崇拙，躬履諸艱而不責人以同患，浩然捐生，如遠游之還鄉，而無所顧悸。由是衆人效其所爲，亦皆以苟活爲羞，以避事爲耻。嗚呼！吾鄉數君子，所以鼓舞群倫，歷九載而戡大亂，非拙且誠者之效歟！

世多疑明代誅鋤搢紳，而怪後來氣節之盛，以爲養士實厚使然。余謂氣節者，亦一二賢者倡之，漸乃成爲風會，不盡關國家養士之厚薄也。《書周忠介公手札後》

凡菜茹手植而手擷者，其味彌甘；凡物親歷艱苦而得者，食之彌安也。《大界墓表》

道微俗薄，舉世方尚中庸之説。聞激烈之行，則訾其過中，或以罔濟尼之，其果不濟，則大快奸者之口。夫忠臣孝子，豈必一一求有濟哉？勢窮計迫，義不返顧，效死而已矣。其濟，天也；不濟，於吾心無憾焉耳。《陳岱雲妻易安人墓志銘》《湘鄉昭忠祠記》

右文集

附録

胡文忠公嘉言鈔

咨之以謀，而觀其識；告之以禍，而觀其勇；臨之以利，而觀其廉；期之以事，而觀其信。知人任人，不外是矣。

惟誠信之至，可以救欺詐之窮。欺一事，不能欺之事事；欺一時，不能欺之後時。不可不防其欺，不可因欺而灰心於所辦之事，所謂貞固足以幹事也。

人心思亂，不自今日始，亦不自今日止。除日日練兵，人人講武，別無補救之方。練一日得一日之力，練一人得一人之力。

心志不苦，患難未嘗，則智慧鈍而膽力怯。

塵埃之中，何地無才，何才不可策用？

用紳士，總在平日接見時，專心致志，詳爲談論，講究一切，察其爲人如何，用其所長，弃其所短。

軍旅之際，非以身先之勞之，事必無補。古今名將，不僅才略异衆，亦且精力過人。

吾輩均是好漢，未必能擔當艱鉅；而當此艱鉅，即欲辭避亦有所不能。

得一正士，可抵十萬金。天下事所以敗壞，則正氣不伸而僞士得志也。

有不可戰之將，無不可戰之兵。有可勝不可敗之將，無必勝必不勝之兵。

智慮生於精神，精神生於安靜。

夫戰，勇氣也，當以節宣蓄養提振爲要；又陰事也，當以固塞堅忍蟄伏爲事。啓

超按：此三河敗後，懲創之言也。

亂天下者，不在盗賊，而在無人才。人才不出，以居人上者不知求耳。

人才隨取才者之分量而生，亦視用才者之輕重而至。

求賢如相馬，今使萬馬爲群，中有千里馬而人不識，即識之矣，狃於駑駘之便安，則千里馬亦且自悲。

聖賢不可必得，必以志氣節操爲主。孔孟之訓，注意狂狷。狂是氣，狷是節，有

氣節，則本根已植，長短高下，均無不宜也。

德必不孤，德亦必不可孤。

欲救全人，須使之先有忌憚之心。

吾儒任事，祇盡吾義分之所能爲，以求衷諸理之至是。不必故拂乎人情而任勞任怨，究無所容其瞻顧之思。

人才因磨練而成，總須志氣勝人，乃有長進。成敗原難逆料，不足以定人才。

兵可挫，氣不可挫。氣可偶挫，而志終不可挫。

大抵兵事另有一種人物，文而近史，武而近俠，皆非能兵者。

軍事之要，必有所忌，乃能有所濟；必有所捨，乃能有所全。

將以氣爲主，以志爲帥。專尚馴謹之人，則久而必惰；專求悍鷙之士，則久而必驕。兵事畢竟歸於豪杰一流，氣不盛者，遇事而氣先懾，而目先逃，而心先搖，平時一一禀承，奉令唯謹，臨大難而中無主。其識力既鈍，其膽力必減，固可憂之大矣。

夫人才因求才者之志識而生，亦由用才者之分量而出。用人如用馬，得千里馬而不識，識矣而不能勝其力，則且樂駑駘之便安，而斥騏驥之偉俊矣。朱子云，是真虎必有風。然則虎不嘯，非風之不從也。所愧在此，所懼在此。

愛人之道，以嚴爲主，寬則心弛而氣浮。

舉人不能不破格，破格則須循名核實，否則人即無言，而我心先愧矣。

避嫌怨者未必得，不避嫌怨者未必失。

凡奇謀至計，總在平實處，如布帛菽粟之類，愈近淺易，愈廣大而精微也。

天下强兵在將。上將之道，嚴明果斷，以浩氣舉事，一片純誠。其次者，剛而無虚，樸而不欺，好勇而能知大義。要未可誤於矜驕虚浮之輩，使得以巧飾取容，真意不存，則成敗利鈍之間，顧忌太多，而趨避愈熟，必至敗乃公事。

兵士如學生功課，不進則退，不戰則并不能守。

久逸則筋脉皆弛，心膽亦怯。

軍旅之事，能脚踏實地，便是奇謀。

財用如人身之精血，古人以四海困窮爲戒，良有深旨。蓋財用竭則如精血之枯，身亦不得自活也。

天下無生而知兵之人，在思其情理與機勢耳。

吾輩不必世故太深，天下惟世故深誤國事耳。「陰陽怕懵懂」，不必計及一切。

放膽放手大踏步，乃可救人。

作官得民心，作將必得兵心。平時刻厲，入軍亦必堅苦。

用所長以救所短，不必捨所長而用所短。

不包攬，不把握，任人作主，則兵不能擇，餉不能節，却又必乏財矣。啓超按：此致曾文正者。時文正初任江督，凡百撝謙。

時艱事急，當各盡其心力所能，不必才之果异於人，事之果期於成也。遇事每謀每斷，不謀不斷亦終必亡，與其坐亡，不如謀之。

凡人保身之法，只護心腎緊要之處，尺寸之膚必顧，將有不能兼愛，而先失其大者。是戰守之機，處處爲備，必致處處無備。

人皆熙熙如登春臺，我輩惟職思其憂耳。

不苦撑，不咬牙，終無安枕之日。

是非不明，節義不講，此天下所以亂也。

天下惟左右、近習不可不慎。左右、近習無正人，即良友直言亦不能進也。危乎，微乎？宮中府中之事，大抵以此爲消長否泰之關。

近事非從吏治人心痛下工夫，滌腸盪胃，必難挽回。述曾文正語。

辦大事以集才集氣集勢爲要，莊子所謂「而後乃今培風」也。

天下大亂，人懷苟且之心，事出範圍之外，當謹守準繩，互相勸規，不可互相獎飾包荒。述曾文正語。

守兵不動，久亦并不能守；戰兵不戰，久亦并不能戰。其心散，其志弛，其力隳也。譬之寫字讀書，進德修業，非猛進即乍退。游息只須半時半日，則精力即足，若一日二日不做工夫，或經月經年不求精進，未有不懈不荒者。彼文字尚然，況用力之事乎？

凡人總要憂勤，千般苦楚，均要人肯吃。

兵事必無萬全之策，謀萬全者必無一全。

古今戰陣之事，其成事皆天也，其敗事皆人也。兵事怕不得許多，算到五六分，便須放膽放手。

以做百姓之心做官，以治私事之心治官事。

大抵吾儒任事，與正人同死，死亦得附於正氣之列，是爲正命。附非其人而得不死，亦爲千古之玷，况又不能不死耶？處世無遠慮，必陷危機，一朝失足，則將以薰蕕爲同臭，而無解於正士之譏評。《致李次青》

吾是破甑之人，避怨之事向不屑爲，即舞陽侯所謂「卮酒安足辭」也。須知時事艱難，吾輩所做之事，皆是與氣數相爭。然成敗之數，盈虚之數，有天命焉，非憂思即能稍減也。

挾智術以用世，殊不知世間并無愚人。《與左季高》

左文襄公嘉言鈔

讀書時，須細看古人處一事接一物，是如何思量，如何氣象。及自己處事接物時，又細心將古人比擬：設若古人當此，其措置之法當是如何？我自己任性爲之，又當如何？然後自己過錯始見，古人道理始出。斷不可以古人之書，與自己處事接物爲兩事。《與周汝充》

能克己者，必能克敵。功名之著，抑其末也。《答王璞山》

譽人而令人不敢承，亦非慎言之道，願毋然也。同上

天下紛紛，吾曹適丁其厄。武鄉不云乎？「成敗利鈍，非所逆睹。」則亦惟殫其心力，盡其職守，静以待之而已。《與李希庵》

中才全在策厲。當人才極乏之時，再不寬以録之，則凡需激厲而後成，磨練而後出者，舉遭屈抑矣。只要其人天良未盡汩没，便可有用。吾察人頗嚴，用人頗緩，信人頗篤，此中自謂稍有分寸也。同上

厨丁作食，殽果都是此種，而味之旨否分焉。解此便可知用人之道：凡用人，用

其朝氣，用其所長，常令其喜悦，忠告善道，使知意向所在，勿窮其所短，迫以所不能，則得才之用矣。同上

見今風氣，外愈謙而内愈僞，弟所深恨！此等圭角，何可不露？《答夏憩亭》

人各有才，才各有用。嘗試譬之：草皆藥也，能嘗之試之，而碻知其性所宜；炮之炙之，而各得其性之正，則專用雜用均無不可。否則，必之山而求榛，必之隰而求苓，烏乎可，且烏乎能也？曾滌生嘗嘆人才難得，吾曰：「君水陸萬餘人矣，而謂無人，然則此萬餘人者，皆無可用乎？集十人於此，則必有一人稍長者，吾令其爲九人之魁，則此九人者必無异詞矣。推之百人、千人，莫不皆然也。」《與胡潤之》

非知人不能善其任，非善任不能謂之知。人非開誠心布公道，不能得人之心；非獎其長護其短，不能盡人之力；非用人之朝氣，不能盡人之才；非令其優劣得所，不能盡人之用。同上

養氣未深，終是打小仗手段。連聲之雷不震，食鼠之猫不威。《答胡潤之》

學業才識，不日進則日退，須隨時隨事留心著力爲要。事無大小，均有一當然之理，即事窮理，何處非學？昔人云：「此心如水，不流即腐。」昔人事業到手，即能處

措裕如，均由平常留心體驗，能明其理，習於其事所致。未有當前遇事放過，而日後有成者也。《與陶少雲》

凡事過於求好，轉多不妥之處。《與楊石泉》

凡將將領，須先得其心，不必以權勢相壓。當統帥不患無權勢，患在不能下人，而必欲强人以就我。昔人云：「位居千萬人之上，心須居千萬人之下。」此有道之言也。《與劉克庵》

天下事當以天下心出之，不宜以私慧小智示人不廣。《答楊石泉》

曾文正公國史本傳

曾國藩，湖南湘鄉人，道光十八年進士，改庶吉士，授檢討。二十三年，大考二等，升侍講，充四川正考官、文淵閣校理。二十四年，充教習庶吉士，轉侍讀。二十五年，歷遷右庶子、左庶子、翰林院侍講學士，充會試同考官、日講起居注官。二十六年，充文淵閣直閣事。二十七年，大考二等，擢内閣學士兼禮部侍郎銜。二十八年，稽察中書科。二十九年，擢禮部右侍郎，署兵部左侍郎。三十年，文宗登極，國藩奏言：「今日所當講求者，惟在用人。人才不乏，欲作育而激揚之，則賴皇上之妙用。有轉移之道，有培養之方，有考察之法，三者不可廢一。臣觀今日京官辦事，通病有二：曰退縮，曰瑣屑。外官辦事，通病有二：曰敷衍，曰顢頇。習俗相沿，但求苟安無過，不肯振作有爲，將來一遇艱鉅，國家必有乏才之患。今遽求振作之才，又恐躁競者因而幸進。臣愚以爲，欲令有用之才不出範圍之中，莫若使從事於學術，又必皇上以身作則，乃能操轉移風化之本。臣考聖祖登極後，勤勤學問，儒臣逐日進講，寒暑不輟，召見廷臣，輒與往復討論。當時人才濟濟，好學者多。康熙末年，博學偉才，大半皆聖祖教諭成就之。皇上春秋鼎盛，正符聖祖講學之年，臣請俟二十七月後，舉逐日進講例，四海傳播，人人向風。召見臣工，從容論難，見無才者，則勖之以學，以痛懲模棱罷軟之習；見有才者，則愈勖之以學，以化其剛愎刻薄之偏。十年以後，人才必大有起色。此轉移之道也。內閣、六部、翰林，爲人才薈萃之地，內而卿相，外而督撫，率出於此。皇上不能一一周知也，培養之權，不得不責成堂官。所謂培養有數端：曰教誨，曰甄別，曰保舉，曰超擢。堂官於司員，一言加獎，則感而圖功；片語責懲，則畏而改過，此教誨不可緩也。榛棘不除，則蘭蕙減色；害馬不去，則騏驥短氣，此甄別不可緩也。嘉慶四年、十八年，兩次令部院各保司員，此保舉成案也。雍正間，甘汝來以主事而賞人參，放知府；嘉慶間，黃鉞以主事而充翰林，入南齋，此超擢成案也。蓋嘗論之，人才譬若禾稼，堂官之教誨猶種植耘耔也，甄別去稂莠，保舉猶灌溉也。皇上超擢，譬之甘雨時降，苗勃然興也。堂官時常到署，猶農夫日在田間，乃熟穡事。今各衙門堂官，多內廷行走之員，或纍月不到署，自掌印、主稿外，司員半不識面。譬之嘉禾稂莠，聽其同生同落於畎畝之中，而農夫不問。教誨之法無聞，甄別之例亦廢，近奉明詔保舉，又但及外官，不及京秩。培養之道，不尚有未盡者哉！頃歲以來，六部人數日多，或二十年不得補缺，終身不得主稿。内閣、翰林院人數亦三倍於前，往往十年不得一差，不遷一秩。而堂官多直内廷，本難分身入署，又或兼攝兩部，管理數處，縱有才德俱優者，曾不能邀堂官之顧，又烏能達天子之知？以數千人才近在眼前，不能加意培養，甚可惜也。臣愚欲請皇上稍爲酌量，每部須有三四堂官不入内廷者，令日日到署，與司員相砥礪；翰林掌院亦須有不直内廷者，與編檢相濡染，務使屬官之性情心術，長官一一周知。皇上不時詢問，某也才，某也直，某也小知，某也大受，不特屬官優劣粲呈，即長官淺深亦可互見，旁考參稽，而八衙門之人才，同往來聖主之胸中。彼屬官者，但令姓名達於九重，不必升官遷秩，而已感激無地。然後保舉之法、甄别之例，次第舉行。舊章皇上偶有超擢，則楩楠一升，而草木之精神皆振。此培養之方也。古者詢事考言，二者兼重。近來各衙門辦事，小者循例，大者請旨，本無才猷可見，莫若於言考之；而召對陳言，天威咫尺，不宜喋喋便佞，則莫若於奏摺考之。國家定例，内而九卿科道，外而督撫藩臬，皆有言事之責。各省道員，亦許專摺言事。乃十餘年間，九卿無一人陳時政得失；司道無一摺言地方利病；科道奏疏無一言及主德隆替，無一摺彈大臣過失，一時風氣，不解其所以然。本朝以來，匡言主德者，如孫嘉淦以自是規高宗，袁銑以寡欲規大行皇帝，皆優旨嘉納；糾彈大臣者，如李之芳劾魏裔介，彭鵬劾李光地。後四人皆爲名臣，至今傳爲美談。直言不諱，未有盛於我朝者也。皇上御極之初，特詔求言，而褒答倭仁之諭，臣讀之至於忭舞感泣，然猶有過慮者，誠見皇上求言甚切。諸臣紛紛入奏，或條陳庶政，頗多雷同；或彈劾大臣，懼長攻訐。臣愚願皇上堅持聖意，借奏摺爲考核人才之具，永不生厭斁之心。涉於雷同者，不必交議而已；過於攻訐者，不必發抄而已。此外，則但見有益，不見有損。今考九卿賢否，憑召見應對；考科道賢否，憑三年京察；考司道賢否，憑督撫考語。若人人建言，參互質證，豈不更爲核實乎？此考察之法也。」奏入，諭稱其「剴切明辨，切中事情，著於百日後舉行日講」。國藩條陳日講事宜，一考定日講設官之制，二講官員數，三每日進講員數，四講官應用何項人，五定保舉講官之法，六進講之地，七進講之儀，八進講之時，九所講之書，十陳講之道，十一覆講之法，十二纂成講書，十三講官體制，十四進講年數。下部議格不行。六月，署工部左侍郎。元年，署刑部右侍郎，充武闈正考官。二年，署吏部左侍郎，充江西正考官，丁母憂回籍。粤逆起，犯湖南，圍長沙不克，竄武昌陷之，連陷沿江郡縣，江南大震。十一月二十九日，上以國藩會同湖南巡撫辦理本省團練，搜剿土匪。時塔齊布已以都司署撫標參將，國藩奏稱其奮勇耐勞，深得民心，并云：「塔齊布將來如打仗不力，臣甘同罪。」請旨獎叙，專令督隊剿賊。會賊破金陵，逆流西上，皖鄂郡縣相繼淪陷。上以國藩所練鄉勇得力，剿匪著有成效，諭令馳赴湖北剿賊。國藩以爲賊所以恣意往來者，由長江無官軍阸禦故也，乃駐衡州，造戰艦，練水軍，勸捐助餉。四年正月，督師東下，與賊接戰岳州，又戰靖港，皆不利，得旨革職，仍准專摺奏事。時國藩已遣楊岳斌、彭玉麟與塔齊布合擊賊湘潭，大破之，復其城，賊退踞岳州。七月，國藩攻克之，毁其舟。賊浮舟上犯，再破之。遂與塔齊布水陸追擊，自城陵磯二百餘里，剿洗净盡，賞三品頂戴。九月，復武昌、漢陽，盡焚襄河賊舟，賞二品頂戴，署湖北巡撫，賞戴花翎。旋以國藩力辭，賞兵部侍郎銜，辦理軍務，毋容署理巡撫。國藩建三路進兵策，奏言：「江漢肅清，賊之回巢抗拒者，多集興國、蘄州、廣濟諸屬。自巴河至九江，節節皆有賊船。擬塔齊布由南路進攻興國、大冶；湖北督臣派兵由北路進攻蘄州、廣濟；自由江路直下，與陸軍相輔爲進止。」上命如所請行。國藩揚帆而下，連戰勝賊，蘄州賊來犯，再破之。會塔齊布復興國、大冶時，賊以田家鎮爲巢穴，蘄州爲聲援，自州至鎮四十餘里，沿岸築土城，設炮位，對江轟擊，横鐵鎖江上，以阻舟師。南岸半壁山、富池口均大股悍賊駐守，舟檝往來如織。國藩計欲破田鎮，當先奪南岸。十月，羅澤南大破賊半壁山，克之。國藩部署諸將，分戰船四隊：一隊陀賊上犯。二隊備爐剪椎斧，前斷鐵鎖。賊炮船護救，三隊圍擊之，沉二艘，賊不敢近。須臾鎔液鎖斷，賊驚顧失色，率舟遁。四隊駛而下追，及於鄔穴，東南風大作，賊舟不能行，官軍圍而焚之，百里內外，火光燭天，浮尸蔽江。陸軍自半壁山呼而下，悉平田家鎮、富池口營壘，蘄州賊遁。是役也，斃賊數萬，毀其舟五千，遂與塔齊布復廣濟、黄梅、孔壠口、小池驛，上游江面肅清，進圍九江。十二月，上以國藩調度有方，賞穿黄馬褂，賞狐腿黄馬褂、白玉搬指、白玉巴圖魯翎管、玉靶小刀、火鐮各一。國藩遣水軍攻湖口、梅家洲，以通江西餉道。大小十餘戰，鋭卒二千人陷入鄱湖，爲湖口賊所扞，水軍分爲兩。五年，賊竄武昌，分股乘夜由小池口襲焚國藩戰艦，戰失利。越數日，大風，復壞舟數十。國藩乃以其餘遣李孟群、彭玉麟及胡林翼所帶陸師，回援武漢，親赴江西，造船募勇，增立新軍，連破賊姑塘、都昌，進攻湖口，大敗之。七月，塔齊布卒，國藩馳往九江，兼統其軍。八月，水軍復湖口。九月，補兵部右侍郎。九江不下，國藩以師久無功，自請嚴議。上諭：「曾國藩督帶水師，屢著戰功，自到九江後，雖未能迅即克復，而鄱湖賊匪已就肅清，所有自請嚴議之處，著加恩寬免。」六年，賊酋石達開竄江西，郡縣多陷。國藩馳赴省城，遣彭玉麟統内湖水師，退駐吴城，以固湖防；李元度回剿撫州，以保廣信。諸將分陀要地，先後復進賢、建昌、東鄉、豐城、饒州，連破撫州、樟樹鎮、羅溪、瓦山、吴城之賊，會同湖北援師劉騰鴻、曾國華等，大破賊瑞州，復靖安、安義、上高，自江西達兩湖之路，賴以無梗。七年正月，復安福、新淦、武寧、瑞昌、德安、奉新，軍聲大振。不一歲，石逆敗遁，江西獲安，曾國藩力也。二月十八日，丁父憂。上諭：「曾國藩見在江西，軍務正當吃緊，古人墨絰從戎，原可奪情，不令回籍。惟念該侍郎素性拘謹，前因母喪未終，授以官職，具摺力辭，今丁父憂，若不令其回籍奔喪，非所以遂其孝思。著賞假三箇月，回籍治喪。俟假滿後，再赴江西，督辦軍務。」尋固請終制，上諭：「曾國藩本以母憂守制在籍，奉諭幫辦團練，當賊氛肆擾鄂皖，即能統帶湖南船勇，墨絰從戎。數載以來，戰功懋著，忠誠耿耿，朝野皆知。伊父曾麟書，因聞水師偶挫，又令伊子曾國華帶勇遠來援應，尤屬一門忠義，朕心實深嘉尚。今該侍郎假期將滿，陳請終制，并援上年賈楨奏請終制蒙允之例，覽其情詞懇切，原屬人子不得已之苦心。惟現在江西軍務未竣，該侍郎所帶楚軍，素聽指揮，當兹剿賊吃緊，亟應假滿回營，力圖報效。曾國藩身膺督兵重任，更非賈楨可比。著仍遵前旨，假滿後即赴江西督辦軍務，并署理兵部侍郎，以資統率。俟九江克復，江面肅清，朕必賞假，令其回籍營葬，俾得忠孝兩全，毫無餘憾。該侍郎殫心事主，即以善承伊父教忠報國之誠，當爲天下後世所共諒也。」國藩復奏，稱江西各營安謐如常，毋庸親往撫馭，并瀝陳才難宏濟，心抱不安。奉旨先開兵部侍郎缺，暫行在籍守制，江西如有緩急，即行前赴軍營，以資督率。八年五月，奉命辦理浙江軍務，移師援閩。閩匪分股竄擾江西，遣李元度破之廣豐、玉山，張運蘭復安仁。時國藩駐軍建昌，東南北三路皆賊。國藩計東路連城賊勢已衰，閩事不足深慮，北路景德鎮乃大局所關，又較南路信豐爲重，乃遣運蘭攻景德鎮，蕭啓江追剿信豐之賊。九年，啓江破賊南康，克新城墟、池江賊巢，遂復南安，解信豐圍。賊竄湖南，將由粵黔入蜀。國藩隨檄啓江馳赴吉安，援應湖南。運蘭復景德鎮、浮梁縣，江西肅清。餘賊竄皖南。國藩奉命防蜀，行至陽邏，奉諭以皖省賊勢日張，飭籌議由楚分路剿辦。國藩回駐巴河，簡校軍實。因奏言：「自洪楊内亂，鎮江克復，金陵逆首，凶焰久衰。徒以陳玉成往來江北，勾結捻匪，廬州、浦口、三河等處迭挫我師，遂令皖北之糜爛日廣，江南之賊糧不絶。欲廓清諸路，必先破金陵，欲破金陵，必先駐重兵滁、和，而後可去江寧之外屏，斷蕪湖之糧路。欲駐兵滁、和，必先圍安慶，以破陳逆之老巢，兼擣廬州，以攻陳逆所必救。進兵須分四路：南則循江而下，一由宿松、石牌規安慶，一由太湖、潛山規桐城；北則循山而進，一由英山、霍山攻舒城，一由商城、六安規廬州；南軍駐石牌，則與楊岳斌、黄石磯之師聯爲一氣；北軍至六安，則與壽州之師聯爲一氣。國藩請自規安慶，多隆阿、鮑超取桐城，胡林翼取舒城，李續宜規廬州。」奏入，上是之。十年二月，賊酋陳玉成犯太湖，國藩分兵破之。四月，賞兵部尚書銜，署兩江總督。六月，補兩江總督，以欽差大臣督辦江南軍務。七月，命皖南軍務統歸國藩督辦。十一年，國藩進駐祁門，督飭楊岳斌、彭玉麟、曾國荃、鮑超等水陸夾擊，爲逐層掃蕩之計，先後復黟縣、都昌、彭澤、東流、建德、休寧、徽州、義寧。悍賊數萬據安慶，久不下，曾國荃、多隆阿等圍之。陳玉成來援，諸軍擊走之。拔其城，賊無脱者，進復池州、鉛山、無爲、銅陵，及泥汊、神塘河、運漕、東關各隘。賞太子少保銜，命統轄江蘇、安徽、江西、浙江四省軍務，巡撫、提鎮以下，悉歸節制。國藩力辭，上不許。諭曰：「前命曾國藩以欽差大臣節制江浙等省巡撫、提鎮，以一事權。曾國藩自陳任江督後，於皖則無功可叙，於蘇則負疚良多，并陳用兵之要，貴得人和而勿尚權勢，貴求實際而勿争虚名，懇請收回成命。朕心深爲嘉許，仍諭令節制四省，以收實效。曾國藩復陳下情，言見在諸路出師，將帥聯翩，威柄太重，恐開斯世争權競勢之風，兼防他日外重内輕之漸，足見謙卑遜順，慮遠思深，得古大臣之體。在曾國藩遠避權勢，自應如此存心，而國家優待重臣，假以事權，從前本有成例。曾國藩曉暢戎機，公忠體國，中外咸知。當此江浙軍務吃緊，生民塗炭，我兩宫皇太后孜孜求治，南望增憂。若非曾國藩之悃忱真摯，豈能輕假事權？所有四省巡撫、提鎮以下各官，仍歸節制。該大臣務以軍事爲重，力圖攻勦，以拯斯民於水火之中，毋再固辭。」先是賊圍杭州，國藩迭奉援浙之命，咨令太常寺卿左宗棠統軍入浙，檄派張運蘭、孫昌國等水陸各營均歸調度，以厚兵力，并撥給錢漕釐金，以清所部積欠。因奏稱：「左宗棠前在湖南撫臣駱秉章幕中，贊助軍謀，兼顧數省，其才實可獨當一面。懇請明降諭旨，令左宗棠督辦浙江全省軍務。」上以浙江巡撫王有齡及江蘇巡撫薛煥不能勝任，著曾國藩察看具奏，并迅速保舉人員，候旨簡放。國藩奏言：「蘇浙兩省群賊縱横，安危利鈍繫於巡撫一人。王有齡久受客兵挾制，難期振作，欲擇接任之人，自以左宗棠最爲相宜。惟此時杭州被困，必須王有齡堅守於内，左宗棠救援於外，俟事勢稍定，乃可更動。至江蘇巡撫一缺，目前實無手握重兵之人可勝此任，查有臣營統帶淮揚水師之福建延建邵遺缺道員李鴻章，勁氣内斂，才大心細，若蒙聖恩，將該員擢署江蘇巡撫，臣再撥給陸軍，便可馳赴下游，保衛一方。」至是杭州失守，國藩復奏陳補救之策：「一，擬令各軍堅守衢州，與江西之廣信、皖南之徽州爲犄角之勢，先據形勝，陁賊上竄。左宗棠暫於徽、衢、信三府擇要駐扎，相機調度，總須先固江西、皖南邊防，保全完善之地，再籌進剿。一，請於浙江藩臬兩司内，將廣西按察使蔣益澧調補一缺，飭帶所部五六千人赴浙，隨左宗棠籌辦防剿，可收指臂之助。一，浙省兵勇恃寧紹爲餉源，今全省糜爛，無可籌畫，懇恩飭下廣東粵海關、福建閩海關，按月協撥銀兩交左宗棠，以資軍餉。」奏入，上皆如所請行。同治元年正月，命以兩江總督協辦大學士。國藩奏言：「自去秋以來，疊荷鴻恩，臣弟國荃又拜江浙按察使之命，一門之内，數月之間，异數殊恩，有加無已，感激之餘，繼以悚懼。懇求皇上念軍事之靡定，鑒微臣之苦衷，金陵未克以前，不再加恩於臣家。又前此疊奉諭旨，飭保薦江蘇、安徽巡撫。復蒙垂詢閩省督撫，飭臣保舉大臣，開列請簡。封疆將帥，乃朝廷舉措之大權，如臣愚陋，豈敢干預？嗣後如有所知堪膺疆寄者，隨時恭疏入告，仰副聖主旁求之意。但泛論人才，以備採擇則可；指明某缺，徑請遷除則不可。蓋四方多故，疆臣既有征伐之權，不當更分黜陟之柄，風氣一開，流弊甚長，辨之不可不早。」尋遣將擊走徽州、荻港之賊，復青陽、太平、涇縣、石埭。國荃會同水師復巢縣、含山、和州，并銅陵閘、雍家鎮、裕溪口、西梁山四隘。弟貞幹復繁昌、南陵，破賊三山、魯港。上以國藩前奏情詞懇摯，出於至誠，不再加恩，而進國荃、貞幹等職。國藩駐安慶督師，奏請仍建安徽省會於安慶，設長江水師提督以下各官，指授諸將機宜，以次規取皖南北府縣各城。國荃率師進圍金陵，蘇浙賊酋李秀成等分道來援，大小數十戰，力却之。二年五月，復江浦、浦口，克九洑洲，長江肅清。因淮南運道暢通，籌復鹽務，改由民運，奏陳疏銷、輕本、保價、杜私之法。三年正月，官軍克鍾山，合圍金陵。六月，金陵平。上諭：「曾國藩自咸豐四年在湖南首倡團練，創立舟師，與塔齊布、羅澤南等屢立戰功，保全湖南郡縣，克復武漢等城，肅清江西全境。東征以來，由宿松克潛山、太湖，進駐祁門，迭復徽州郡縣，遂拔安慶省城，以爲根本，分檄水陸將士，規復下游州郡。兹大功告蕆，逆首誅鋤，由該大臣籌策無遺，謀勇兼備，知人善任，調度得宜。曾國藩著加恩賞，加太子太保銜，錫封一等侯爵，世襲罔替，并賞戴雙眼花翎。」浙江巡撫曾國荃賞加太子少保銜，錫封一等伯爵，并賞戴雙眼花翎。將士進秩有差。時捻匪倡亂日久，僧格林沁戰殁於曹州，賊勢日熾。四年四月，命國藩赴山東一帶督兵，剿辦捻匪。山東、河南、直隸三省旗緑各營，及地方文武員弁，均歸節制調遣。國藩將赴徐州督師，乃招集新軍，添練馬隊，檄調劉松山、劉銘傳、周盛波、潘鼎新諸軍會剿。五月，賊竄雉河集。國藩駐臨淮關，遣兵擊走之。先後奏言：此賊已成流寇，飄忽靡常，宜各練有定之兵，乃足以制無定之賊。臣由臨淮進兵，將來安徽即以臨淮爲老營，及江蘇之徐州、山東之濟寧、河南之周家口，四路各駐大兵，爲重鎮。一省有急，三省往援，其援軍之糧藥，即取給於受援之地，庶幾往來神速，呼吸相通。時捻酋張總愚、任柱、牛落紅及髮逆賴汶光，擁衆十數萬，倏分倏合。八月，國藩遣銘傳敗之潁州，賊東走曹州。國藩檄鼎新力院運河，派軍馳赴山東助剿。賊不能渡運，遂南走徐州，踞豐、沛、銅山境内。九月，國藩遣李照慶、鼎新敗之徐州、豐縣，賊復竄山東。十月，盛波、銘傳敗之寧陵、扶溝，賊竄陷湖北黄陂。五年正月，國藩遣銘傳破之，復其城。任逆回竄沈邱，將踞蒙亳老巢，遣銘傳、盛波擊之。張逆分股入鄆城。三月，銘傳、張樹珊敗之潁州、周口。群賊合踞濮、範、鄆、鉅間，諸軍擊破之。張逆趨單縣，任逆走靈壁。國藩駐徐州，修浚運河，以固東路。五月，遣諸將敗張逆於洋河、王家林，敗任逆於永城、徐州。時賊自二月北竄，堅圖渡運，徘徊曹、徐、淮、泗者，兩月有餘，迄不得逞，於是張逆入豫，任逆入皖。國藩遣盛波大破牛逆於陳州，敗任、賴二逆於烏江河；樹珊敗張逆於周口。牛、張二逆渡沙河而南，任、賴二逆亦竄渡賈魯河。國藩以前防守運河，粗有成效，必仿照於沙河設防，俾賊騎稍有遮攔，庶軍事漸有歸宿。定議自周家口下至槐店，陀守沙河；上至朱仙鎮，陀守賈魯河。因奏言：河身七百餘里，地段太長，不敢謂防務既成，百無一失。然臣必始終堅持此議，不以艱難而自畫，不以浮言而中更，以求有裨時局。自古辦流寇，本無善策，惟有防之，使不得流，猶是得寸則寸之道。俟河防辦成，則令防河者與游擊者彼防此戰，更番互換，庶足以保常新之氣。六月，遣松山、張詩日大破賊於上蔡、西華。賊由河南巡撫所派防軍汛地逸出東竄，河防無成。七月，遣松山、宋慶大破之南陽、新野。九月，銘傳、鼎新破之鄆城，運防賴以無恙。國藩自陳病狀。七月，上命國藩仍回兩江總督本任，以李鴻章代辦剿捻事宜。國藩請以散員留營自效，奏言：「朝廷體恤下情，不責臣以治軍，但責臣以籌餉；不令留營勉圖後效，但令回署調理病軀。臣屢陳病狀，求開各缺。若爲將帥則辭之，爲封疆則就之，則是去危而就安，避難而趨易。臣內度病體，外度大義，減輕事權則可，竟回本任則不可。故前兩次奏稱，但求開缺，不求離營。蓋自抱病以來，反復籌思，必出於此，然後心安理得。請開江督各缺，目下仍在周口軍營，照料一切，維湘淮之軍心，聯將帥之情誼。凡臣材力所可勉，精神所能到，必殫竭愚忱，力圖補救，斷不因兵符已解，稍涉疏懈，致乖古人盡瘁之義。」上諭：「曾國藩請以散員仍在軍營自效之處，具徵奮勉圖功、不避艱難之意。惟兩江總督責任綦重，湘淮各軍尤須曾國藩籌辦接濟，與前敵督軍同爲朝廷所倚賴。該督忠勤素著，且係朝廷特簡，正不必以避勞就逸爲嫌，致多過慮。著遵奉前旨，仍回本任，以便李鴻章酌量移營前進，并免後顧之憂。」國藩復奏陳：江督之繁，非病軀所能勝任，與其勉强回任，辜恩溺職，不如量而後入，避位讓賢，籲請仍開各缺。上諭：「前因曾國藩患病未痊，軍營事繁，特令回兩江總督本任，以資調攝，并因請以散員自效，復疊次諭令迅速回任，俾李鴻章得以相機進剿。曾國藩爲國家心膂之臣，誠信相孚已久，當此捻逆未平，後路糧餉軍火無人籌辦，豈能無誤事機？曾國藩當仰體朝廷之意，爲國家分憂，豈可稍涉疑慮，固執己見？著即懔遵前旨，克期回任，俾李鴻章得以專意剿賊，迅奏膚功。該督回任以後，遇有湘淮軍事，李鴻章仍當虛心咨商，以期聯絡。毋許再有固請，用慰厪念。」國藩回任後，六年，奏稱製造輪船爲救時要策，請將江海關洋税酌留二成，一成爲專造輪船之用，一成酌濟淮軍及添兵等事。從之。七月，補授體仁閣大學士，仍留兩江總督任。十二月，捻匪平，賞雲騎尉世職。七年四月，補武英殿大學士。七月，調直隸總督。十二月到京，賞紫禁城騎馬。八年二月，查明積澇大窪地畝，應徵糧賦，請分別轄減。從之。三月，奏直隸刑案積多，與臬司張樹聲力籌清釐。甫有端緒，張樹聲見調任山西，請暫留畿輔一年，以清積案。上諭：「曾國藩到任後，辦事認真，於吏治民風，實心整頓，力挽敝習。著如所請，俾收指臂之助。」又先後二次查明屬員優劣，開單具奏，得旨分別嘉勉降革，以肅吏治。時直隸營務廢弛，廷議選練六軍。上諭：「國藩將前定練軍章程，妥籌經理。」五月，國藩奏言：臣見內外臣工章奏，於直隸不宜屯留客勇一節，言之詳矣。惟養勇雖非長策，而東南募勇多年，其中亦有良法美意，爲此練軍所當參用者。一曰文法宜簡。勇丁樸誠耐苦，不事虛文，營規祇有數條，別無文告；管轄祇論差事，不計官階。挖濠築壘，刻日而告成；運米搬柴，崇朝而集事。兵則編籍入伍，伺應差使，講求儀節，及其出征，則行路須用官車，扎營須用民夫，油滑偷惰，積習使然。而前此所定練軍規制，至一百五十餘條之多，雖士大夫不能驟通而全記，文法太繁，官氣太重，此當參用勇營之意者也。一曰事權宜專。一營之權，全付營官，統領不爲遥制；一軍之權，全付統領，大帥不爲遥制。近來江楚良將爲統領時，即能大展其才，縱横如意，皆由事權歸一之故。今直隸六軍統領，迭次更换，所部營哨文武各官皆由總督派撥，下有翼長分其任，上有總督攬其全，統領并無進退人才、總督餉項之權。一旦驅之赴敵，群下豈肯用命？加以總理衙門、户部、兵部層層檢制，雖良將亦瞻前顧後，莫敢放膽任事，又焉能盡其所長？此亦當參用勇營之意者也。一曰情意宜洽。勇營之制，營官由統領挑選，哨弁由營官挑選，什長由哨弁挑選，勇丁由什長挑選。譬之木焉，統領如根，由根而生幹，生枝，生葉，皆一氣所貫通。是以口糧雖出自公款，而勇丁感營官挑選之恩，皆若受其私惠，平日既有恩誼相孚，臨陣自能患難相顧。今練軍之兵，離其本營本汛，調入新哨新隊，其挑取多由本營主政，新練之營官不能操去取之權，而又别無優待親兵、獎拔健卒之柄，上下隔閡，情意全不相聯，緩急豈可深恃？此雖欲參用勇營之意，而勢有不能者也。又聞各營練軍，皆有冒名頂替之弊，防不勝防。蓋兵丁因口分不足自給，每兼小貿手藝營生，此各省所同也。直隸六軍以此處之兵調至他處訓練，其練餉二兩四錢在練營支領，底餉一兩五錢仍在本營支領。兵丁不願離鄉，往往仍留本處，於練營左近雇人頂替，應點應操。一遇有事遠征，受雇者又不肯行，則轉雇乞丐、窮民代往。兵止一名，人已三變，練兵十人，替者過半，尚安望其得力？今當講求變通之方，自須先杜頂替之弊，擬嗣後一兵挑入練軍，即裁本營額缺，練軍增一兵，底營即減一兵，無論底餉、練餉均歸一處支放。或因事斥革，即由練營募補，底營不得干預，冀可少變積習。此外，尚須有酌改，如馬隊不應雜於步隊各哨之内，應另立馬隊營，使臨敵不至溷亂。一隊不應增至二十五人，仍爲什人一隊，使士卒易知易從。若此之類，臣本擬定一簡明章程，重整練軍，練足萬人，以副朝廷殷勤訓飭之意。其未挑入練者，各底營存餘之兵，亦須善爲料理，未可聽其困窮潦壞。擬略仿浙江減兵增餉之法，不必大減兵額，但將老弱者汰而不補，病故者闕而不補，即以所節餉項量發歷年底營欠款。俾各營微有公費，添製器械旗幟之屬，庶足壯觀瞻而作士氣。數年後，或將當日之五折、七折、八折者，全數賞發。兵丁之入練軍者，所得固優，即留底營者，亦足自贍。營務或漸有起色，而畿輔練軍之議，亦不至屢作屢輟，事同兒戲。請敕原議各衙門核議施行。尋飭國藩籌定簡明章程，奏報定議。國藩奏言：臣維用兵之道，隨地形、賊勢而變焉者也，初無一定之規、可泥之法。或古人著績之事，後人效之而無功；或今日制勝之方，异日狃之而反敗。惟知陳迹之不可狃，獨見之不可恃，隨處擇善而從，庶可常行無弊。即就扎營一事言之，湘勇初出，屢爲粤匪所破，既而高壘深濠，先圖自固，旋即用以制敵。淮勇繼起，亦以深溝高壘爲自立之本，善扎營者，即稱勁旅。後移師剿捻，每日計行路遠近，分各營優劣，曾無築壘挖濠之暇，而營壘之堅否於勝敗全不相涉。陝甘剿回，貴州平苗，亦不以此爲先務，足知兵勢之無常矣。然斯乃古來之常法，終未可弃而不講。臣愚以爲，直隸練軍，宜添學扎營之法。每月拔營一次，行二三百里爲率，令兵丁修壘浚濠，躬親畚築，以習勞勩，不坐差車，以慣行走。增募長夫，以任樵汲負重之事。至部臣所議兵丁宜講衣冠禮節，臣意老營操演，可整冠束帶，以習儀文；拔營行走，仍帕首短衣，以歸簡便。凡此皆一張一弛，擇善而從者也。臣前摺所請重統領之權者，蓋因平日事權不一，則臨陣指麾不靈。臣在南中，嘗見有巡撫大帥所部多營，平日無一定之統領，臨時酌撥數營，派一將統之赴敵，終不能得士卒死力。而江楚數省幸獲成功者，大抵皆有得力統領，其權素重，臨陣往來指揮、號令進退之人，即平日撥餉挑缺、主持賞罰之人。士卒之耳目有專屬，心志無疑貳，是以所向有功。臣所謂事權宜專，本意如此。然亦幸遇塔齊布、羅澤南、李續賓、楊岳斌、多隆阿、鮑超、劉銘傳、劉松山諸人，或隸臣部，或隸他部，皆假重權而樹偉績。苟非其人，權亦未可概施。部臣所議，得良將則日起有功，遇不肖則流弊不可勝言，洵爲允當之論。良將者，可幸遇而不可强求者也。嗣後直隸練軍統領，臣當悉心察看，遇上選則破格優待，盡其所長；遇中材則隨處防維，無使越分，庶幾兩全之道。部臣復議及兵將相習，可收一氣貫通之效，又言轉弱爲强，不必借才於异地等語。臣竊意就兵言之，斷無令外省客勇充補之理，客勇亦無願補遠省額兵之志；就官言之，則武職自一命以上至提鎮，皆可服官外省。况畿輔萬方輻輳，尤志士願效馳驅之地，是各路將弁有出色者，皆可酌調來直，不得以借才論。直隸練軍，詢諸衆論，不外二法。一曰就本管之鎮將練本管之弁兵，一曰調南人之戰將練北人之新兵。訪聞前此六軍，用本管鎮將爲統領者，其情易通，而苦閣營無振作之氣；用南人戰將爲統領者，其氣稍盛，而苦上下無聯絡之情。將欲救二者之弊，氣之不振，本管官或不勝統率之任，當察其懈弛，擇人而换之；情之不聯，南將或不知士卒之艱，當令其久處，積誠以感之。臣今擬於前留四千人外，先添三千人，稍復舊觀。一於古北口暫添千人，該提督傅振邦老於戎行，安詳勤慎；一於正定鎮暫練千人，該總兵譚勝達勇敢素著，志氣方新，皆以本管官統之者也；一於保定暫添千人，令前瓊州鎮彭楚漢以南將統之。以中軍冷慶所轄千人，姑分兩起，俟查驗實在得力，而後合并一軍。此因論兵將相孚，而擬目前添練之拙計也。至練軍規模，臣仍擬以四軍爲斷，二軍駐京北，二軍駐京南，每軍三千人，統將功效尤著者，或添至四五千人。請旨交各衙門覆議，先行試辦，俟試行果有頭緒，然後奏定簡明章程，俾各軍一律遵守。奏入，允之。其後以直隸練軍有效，他省仿而行之。營務爲之一振，自國藩始。九年五月，通商大臣崇厚奏：天津民人因迷拐幼孩匪徒有牽涉教堂情事，毆斃法國領事官，焚毀教堂。上命國藩赴天津查辦。國藩奏言：各省打毀教堂之案層見迭出，而毆斃領事洋官，則從來未有之事。臣但立意不欲與之開釁，準情酌理，持平結案，使在彼有可轉圜之地，庶在我不失柔遠之方。尋奏誅爲首滋事之人，將辦理不善之天津府縣革職治罪。因陳時事雖極艱難，謀畫必須斷決。伏見道光庚子以後，辦理夷務，失在朝戰夕和，無一定至計，遂至外患漸深，不可收拾。皇上登極以來，守定和議，絕無改更，用能中外相安，十年無事。津郡此案，因愚民一旦憤激，致成大變，初非臣僚有意挑釁。朝廷昭示大信，不開兵端，此實天下生民之福。以後仍當堅持一心，曲全鄰好，以爲保民之道；時時設備，以爲立國之本，二者不可偏廢。八月，調兩江總督。國藩瀝陳病狀，請另簡賢能，開缺調理。上諭：「兩江事務殷繁，職任綦重，曾國藩老成宿望，前在江南多年，情形熟悉，措置咸宜，見雖目疾未痊，但得該督坐鎮其間，諸事自可就理。該督所請另簡賢能之處，著無庸議。」十一月，命充辦理通商事務大臣。十年，以楚岸淮南引地爲川鹽侵占，與湖廣總督定議，與川鹽分岸行銷。奏請武昌、漢陽、黄州、德安四府，專銷淮鹽；安陸、襄陽、鄖陽、荆州、宜昌、荆門五府一州，暫行借銷川鹽。湖南巡撫請於永、寶二府試行官運粤鹽，國藩復力陳二府引地，不必改運。部議皆如所請。十一年二月，卒。遺疏入，諭曰：「大學士、兩江總督曾國藩，學問純粹，器識宏深，秉性忠誠，持躬清正，由翰林院蒙宣宗成皇帝特達之知，洊升卿貳。咸豐間，創立楚軍，剿辦粤匪，轉戰數省，叠著勛勞，文宗顯皇帝優加擢用，補授兩江總督，命爲欽差大臣，督辦軍務。朕御極後，簡任綸扉，深資倚任，東南底定，厥功最多。江寧之捷，特加恩賞，給一等毅勇侯，世襲罔替，并賞戴雙眼花翎。歷任兼圻，於地方利病盡心籌畫，實爲股肱心膂之臣。方冀克享遐齡，長承恩眷，兹聞溘逝，震悼良深。曾國藩著追贈太傅，照大學士例賜恤，賞銀三千兩治喪，由江寧藩庫給發。賜祭一壇，派穆騰阿前往致祭。加恩予謚文正。入祀京師照忠祠、賢良祠，於湖南原籍、江寧省城建立專祠。其生平政績事實，宣付史館，任内一切處分，悉予開復。應得恤典，該衙門查例具奏。靈柩回籍時，著沿途地方官妥爲照料。其一等侯爵，即著伊子曾紀澤承襲，毋庸帶領引見。其餘子孫幾人，著何璟查明具奏，候旨施恩。」尋湖廣總督李瀚章、安徽巡撫英翰、署兩江總督何璟，奏陳國藩歷年勛績。李瀚章奏略云：國藩初入翰林，即與故大學士倭仁、太常寺卿唐鑒、徽寧道何桂珍，講明程朱之學，克己省身，得力有自。遭值時艱，毅然以天下自任，死生禍福，置之度外。其過人識力，在能堅持定見，不爲浮議所摇。用兵江皖，陳四路進攻之策；剿辦捻匪，建四面蹙賊之議。其後成功，不外乎此。英翰奏略云：自安慶克復後，國藩督軍駐扎，整吏治，撫瘡痍，培元氣，訓屬寮若子弟，視百姓如家人，生聚教養，百廢具舉。至今皖民安堵，皆國藩所留貽，一聞出缺，士民奔走，婦孺號泣。以遺愛言，自昔疆臣湯斌、于成龍而後，未有若此感人之深者。何璟奏略云：咸豐十年，國藩駐祁門，皖南北十室九空。自金陵至徽州八百餘里，無處無賊，無日無戰。徽州初陷，休祁大震，或勸移營他所，國藩曰：「吾初次進兵，遇險即退，後事何可言！吾去此一步，無死所也。」賊至環攻，國藩手書遺囑，帳懸佩刀，從容布置，不改常度。死守兼旬，檄鮑超一戰，驅之嶺外。以十餘載稽誅之狂寇，國藩受鉞四年，次第蕩平，皆因祁門初基不怯，有以寒賊膽而作士氣。臣聞其昔官京師，即已留心人物，出事戎軒，尤勤訪察。雖一材一藝，罔不甄録，又多方造就，以成其才。安慶克復，則推功於胡林翼之籌謀，多隆阿之苦戰；金陵克復，又推功諸將，無一語及其弟國荃。談及僧親王及李鴻章、左宗棠諸人，皆自謂十不及一。清儉如寒素，廉俸盡充官中用，未嘗置屋一廛、田一區。食不過四簋，男女婚嫁不過二百金，垂爲家訓。有唐楊綰、宋李沆之遺風。其守之甚嚴，而持之有恒者，曰：「不誑語，不晏起。」前在兩江任內，討究文書，條理精密，無不手訂之章程、點竄之批牘。前年回任，感激聖恩高厚，仍令坐鎮東南，自謂稍有怠安，負疚滋重。公餘無客不見，見必博訪周諮，殷勤訓勵，於僚屬之賢否，事理之源委，無不默識於心。其患病不起，實由平日事無巨細，必躬必親，殫精竭慮所致也。上諭：「據何璟、英翰、李瀚章先後臚存曾國藩歷年勛績，英翰、李瀚章并請於安徽、湖北省城建立專祠。又據何璟遵查該故督子孫，詳晰覆奏，披覽之餘，彌增悼惜。曾國藩器識過人，盡瘁報國，當湘、鄂、江、皖軍務棘手之際，倡練水師，矢志滅賊。雖屢經困厄，堅忍卓絕，曾不少移，卒能萬衆一心，削平捕寇。功成之後，寅畏小心，始終罔懈。其薦拔賢才，如恐不及，尤得以臣事君之義，忠誠克效，功德在民，允宜迭沛恩施，以影忠藎。曾國藩著於安徽、湖北省城建立專祠。此外立功省分，并著准其一體建立專祠。伊次子附貢生；曾紀鴻、伊孫曾廣鈞，均著賞給舉人，准其一體會試；曾廣鎔著賞給員外郎；曾廣銓著賞給主事，俟及歲時，分部學習行走。何璟、李瀚章、英瀚摺三件，均著宣付史館，用示眷念勛臣，有加無已至意。欽此。」

藝　文　叢　刊

第　七　輯